AF132023

VERLAG ANTJE
KUNSTMANN

Rainer Moritz

MEIN VATER, DIE DINGE UND DER TOD

Verlag Antje Kunstmann

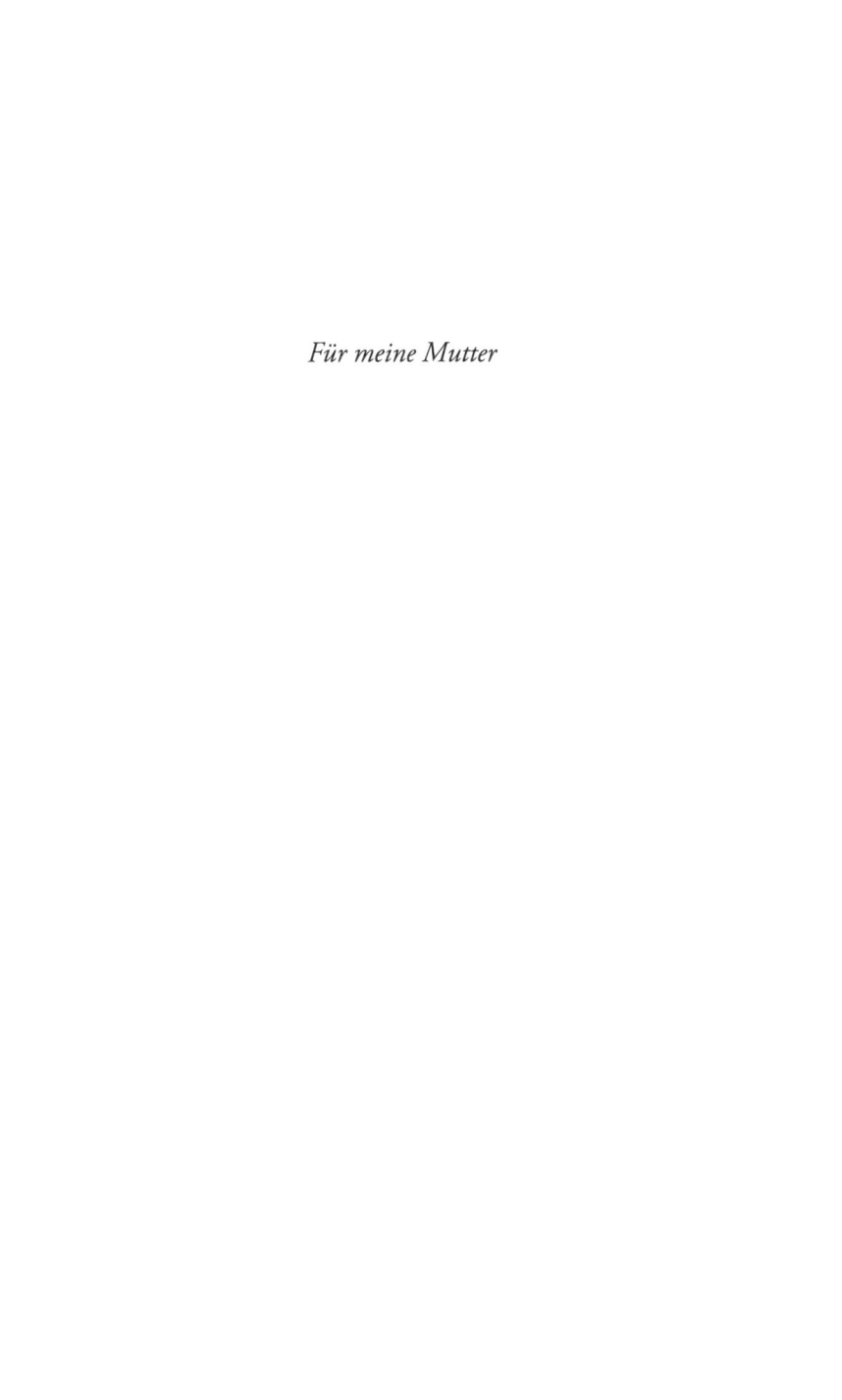

Für meine Mutter

»So hat man über die Dinge immer auch
Kontakt mit dem Dahingegangenen.«

Gerhard Meier

DER ANRUF

Rainer, Vati ist gestorben ... Hat meine Mutter das gesagt, so gesagt? Vermutlich, ein Ausdruck wie *Vati ist eingeschlafen* wäre ihr nicht in den Sinn gekommen. Das nüchterne, unpathetische Wort eher. *Vati ist gestorben.* Ich versuche mich an ihre Stimme, ihren Tonfall zu erinnern. An diesem Nachmittag des 12. Februar 2015, als mein Telefon im Büro klingelte und ich mit einem der üblichen geschäftlichen Anrufe rechnete. Dass sich meine Mutter während der Arbeitszeit bei mir meldet, kommt selten vor. Sie hat es lieber, wenn sie die Angerufene ist, so, als endete die Pflicht der Kinder, sich regelmäßig bei ihr zu melden, nie. Vielleicht hat sie dem Satz ein *Du, Rainer* vorangestellt.

Eingeschlafen sei Vater, ganz friedlich. Zur Mittagsruhe sei er ins Bett gegangen, und sie habe sich gewundert über seinen lang anhaltenden Schlaf. Nicht mehr geatmet hat er, als sie nach dem Rechten sah. Der Hausarzt ist gleich gekommen und hat seinen Tod festgestellt. Sein Ende.

Meine Mutter weint nicht am Telefon. Das wäre ihr unangenehm gewesen. In unserer Familie neigt niemand zu Gefühlsausbrüchen, zeigt sie zumindest nicht. Ich weine auch nicht, sage nur: *Ich melde mich später, Mutter.* Und starre auf meinen Füllfederhalter, meine Notizen, meinen Computer, meine halb ausgetrunkene Kaffeetasse, auf die Bücherstapel im Zimmer, auf den Telefonhörer, der wie ein schwarzer Knochen aufliegt. Unten an der Alster drehen die Spaziergänger ihre Runden, ein Hund jagt über den Rasen am Ufer.

Regnete es, schien die Sonne? Ich weiß es nicht mehr. Ich bleibe sitzen, eine halbe Stunde lang, kein Telefon klingelt, niemand klopft an die Tür, niemand will mich sprechen. Mein Körper fällt in einen Ruhezustand, meine Handbewegungen laufen in Zeitlupe ab, meine Gedanken verlangsamen sich, ich rauche ein Zigarillo, das mehrmals ausgeht, weil ich es vergesse, weil ich zu rauchen vergesse.

Vater ist tot. Nicht mehr da. Das konnte, durfte nicht sein. Erst wenn die Eltern sterben, ist man wirklich erwachsen, heißt es. Weil man dann in der ersten Reihe steht. Eltern, die alt werden, vermitteln das Gefühl, man könnte das eigene Altwerden, das eigene Sterben hinauszögern, auf die lange Bank schieben. Diese Familie konnte ohne meinen Vater auf keinen Fall existieren, ausgeschlossen. Dachte ich. Diese Lücke, dieser leere Platz, diese Absurdität, nicht mehr mit ihm sprechen zu können.

Rainer, Vati ist gestorben. Geglaubt habe ich ihr erst Stunden später, obwohl ich am Telefon so tat, als hätte ich begriffen, was Mutter gesagt hatte.

WAS BLEIBT?

Am Ende bekommt Francesca Johnson ihren letzten Willen. Wie sie es sich gewünscht hat, verstreuen die Kinder ihre Asche in alle Winde, in den Fluss unterhalb der Roseman Bridge in Madison County, Iowa. Clint Eastwoods Film *Die Brücken am Fluss* (1995) schließt mit dieser Szene. Er erzählt die Geschichte zweier Menschen, die der Zufall für ein paar Tage zusammenführt, die sich Hals über Kopf ineinander verlieben, ohne dass ihnen eine gemeinsame Zukunft beschieden ist. Als Francescas Mann mit den Kindern für ein paar Tage zu einer Landwirtschaftsausstellung fährt, macht der Fotograf Robert Kincaid halt auf der Farm und erkundigt sich nach dem Weg. Er will die überdachten Brücken in Madison County fotografieren, und als Francesca ihn kurzerhand zur Roseman Bridge begleitet, kommen sie sich näher. Sie erzählen sich ihre – sehr unterschiedlichen – Leben, essen miteinander, tanzen miteinander und schlafen miteinander. Als die Rückkehr der Familie naht, muss sich Francesca entscheiden, und sie tut, schweren Herzens, woran eine in Entsagung geübte Farmersfrau gewohnt ist: Sie lässt Robert ziehen und bleibt bei den Ihren. Anvertrauen kann sie ihr Geheimnis niemandem, außer ihren Tagebüchern, die die Kinder nach ihrem Tod lesen werden.

Was bleibt von Francesca Johnson? Kein Grabstein, vor dem sich die Angehörigen und Freunde versammeln. Ihre Asche vermischt sich mit dem Wasser des Flusses, der – Jahre zuvor – bereits die Asche ihres Geliebten Robert Kincaid aufnahm. Und ihre Tagebücher bleiben, in denen sie festhielt, was sie bewegte, wovon sie keinem erzählte. Und vielleicht ihre Farm, wo sie jahrzehntelang die Familie umsorgte, einem gedämpften Rhythmus folgend, den sie manchmal schwer akzeptierte. Zu leben, wie man nicht leben möchte. Irgendwann – davon erzählt *Die Brücken am Fluss* nicht mehr – bewohnen andere Menschen dieses Haus, fängt niemand mehr etwas mit den Möbeln und Gerätschaften der Johnsons an. Irgendwann erinnert sich keiner mehr an Francesca Johnson, will keiner mehr etwas mit ihren Dingen zu tun haben, weil sie keinem etwas sagen. Was bedeuten die über viele Jahre angehäuften Objekte ihren Besitzern? Machen sie die Menschen aus? Was sagen sie den Übriggebliebenen?

Mein Vater hat nie Tagebuch geschrieben. Soweit ich weiß. Er wollte sein Leben nicht schriftlich festhalten. Das wäre ihm wichtigtuerisch vorgekommen. So wie er in Fernsehtalkshows wenig mit Menschen anfangen konnte, die weitschweifig ihre Biografien ausbreiteten. Er erzählte gern, von Reisen, die er mit Mutter unternommen hatte. Je älter er wurde, desto mehr in Wiederholungen und Variationen. Manchmal sah er sich Fotos an, aus jener Kiste, die ein-, zweimal im Jahr hervorgekramt wurde, die jene schwarz-weißen Bilder enthält, die es nicht ins offizielle Fotoalbum geschafft haben.

Ein Mensch lebt, solange sich andere an ihn erinnern. Vielleicht denke ich deshalb häufiger an meinen Vater als zu seinen Lebzeiten. Weil die Selbstverständlichkeit seines Daseins fehlt. Was verbinde ich mit ihm, was für Erinnerungen sind es? Was haben sie mit den Dingen seines Lebens zu tun, mit den Objekten, die ihn Tag für Tag umgaben? Je länger ich an meinen toten Vater denke, über dessen Leben ich viel zu wenig weiß, desto mehr sprechen seine Dinge zu mir. Von ihnen will ich, durch seine, durch unsere Wohnung gehend, in diesem Buch erzählen. Und von Vater.

DER GRABSTEIN

Verbrannt werden wollte er nicht. Als Mutter mir das
wenige Tage nach seinem Tod sagte, zuckte ich zusammen. Zu intim klang das für unsere Familienverhältnisse,
zu eindeutig. Einmal habe sie mit ihm darüber gesprochen, kurz nur. Feuer, das habe ihnen beiden Angst gemacht. Was wohl, fügte ich in Gedanken hinzu, mit den
Bombenangriffen im Krieg, mit den Feuerstürmen zu
tun haben mochte. Nein, verbrannt zu werden wie Francesca Johnson, das kam nicht infrage. Ein Reihengrab
stattdessen, wie eh und je, auf Heilbronns Hauptfriedhof
an der Wollhausstraße, der Ende des 19. Jahrhunderts
eingeweiht wurde, nachdem der Platz auf dem Alten
Friedhof an der Weinsberger Straße nicht mehr ausge-
reicht hatte und dessen »Bestattungsbetrieb«, wie es heißt,
eingestellt worden war. Ein neunzehnjähriger Graveur
soll der erste Tote gewesen sein, den man auf dem neuen
Friedhof beisetzte.

Ein ruhiger, schattiger Platz für Vaters Grab, nur wenige Minuten vom Eingangsportal entfernt. Damit ich

es nicht weit habe, sagte Mutter. Zwischen Leichenhalle und Krematorium führt ein leicht ansteigender Weg zu den Grabfeldern, überschattet von hohen Bäumen. Bekannte Heilbronner Industrielle liegen hier, die Knorrs, die Clussens, die Ackermanns. Nicht weit von Vaters Grab ist sein alter Chef begraben, in dessen Baufirma er jahrzehntelang für den Einkauf zuständig war.

Wünsche, wie sein Grab aussehen sollte, hat Vater nie geäußert. Als Mutter und ich bei einem der Steinmetze, deren Betriebe an der Zufahrtsstraße zum Friedhof liegen, vorsprechen und unsicher das Angebot prüfen, wissen wir, was Vater nicht gewollt hätte: goldene Schriftzüge, aufgeschlagene Bibeln, Engelsflügel, Rosenapplikationen. Und gewiss keinen glänzenden Marmorquader. Als ließe sich damit die Existenz verlängern. Wir gehen durch die Grabsteinreihen, der Inhaber gibt Erläuterungen, wir wundern uns darüber, was alles in Betracht zu kommen scheint, wie pompös Menschen an ihre Verstorbenen erinnern wollen, und wir sind froh darüber, auf einen kaum bearbeiteten, hellen Findling zu stoßen, der wie ein Hinkelstein aussieht. Aus einem Schweizer Bergbach stamme der. Was Mutter und mir gefällt, was zu Vater passt, der zeitlebens ein Bergwanderer, später ein Spaziergänger war, wenngleich selten in der Schweiz. Ein Stein, den seit ewigen Zeiten klares Bergwasser umspülte, dessen Ecken und Kanten sanft abgeschliffen wurden. Damit könnte der tote Vater leben, sage ich beinahe.

Der Findling aus der Schweiz statt des provisorischen Holzkreuzes, nach fast einem Jahr. Erst müsse sich das Grab »setzen«. Weiß umrandete, schwarze Metalllettern teilen das Nötige mit:

KURT MORITZ

* 1.2.1926   † 12.2.2015

Seinen zweiten Vornamen Ferdinand denken wir uns dazu. Verwendung fand er selten, für die Verwandten war Vater »der Kurt« gewesen. Den »Ferdinand« trägt mein Sohn Konrad Ferdinand weiter. Bei der Beerdigung »im Familienkreis«, im gepflegten Restaurant, saß er neben mir. Meine Geschwister, die Ehepartner, die Enkelkinder. Als Konrad vom Tod seines Opas hörte, den er Opa-ki nannte, weil Oma ihn als Kleinkind mit kräftigen Hahnen-Kikerikis aufheiterte und er diesen Zunamen auch tragen durfte, brach er in helle Tränen aus. Als wir nach der Ansprache des Pfarrers, der Vater gekannt und persönliche Worte gefunden hatte, dem Sarg folgten, ging ich Hand in Hand mit dem neunjährigen Konrad, der mich beobachtete, meine feuchten Augen bemerkte. *Weinst du, Papa?* Ja, Konrad, fast hätte ich geweint, wie zuvor in der Leichenhalle, als der hergerichtete, gepuderte Tote fremd und weit entfernt erschien. Ein entrückter Mann, der nicht mehr wie Vater aussah. Ihn noch einmal betrachten, bevor sich der Sargdeckel schließt. Den Leichnam berühren wollte ich nicht. Was machen diejenigen, die die zu ihnen Gehörenden bei einem Unfall, einem Brand verlieren, sie nicht einmal mehr als hergerichtete Tote zu sehen bekommen?

Ein Glück, wie wir uns einander tröstend sagten, dass wir knapp zwei Wochen zuvor alle in Heilbronn zusammengekommen waren, zu Vaters neunundachtzigstem Geburtstag. Mühsam hatten wir ihn ins Auto verfrachtet, um hinaufzufahren in einen Gasthof am Waldrand, ins Jägerhaus, eine der althergebrachten Adressen am Ort. Lange, quälende Minuten dauerte es, bis Vater die wenigen Schritte vom Wagen ins Lokal bewältigte, ängstlich sich vorantastend, fürchtend, dass seine Hose den mager gewordener Körper hinabgleiten würde. Erleichterung kam auf, als er seinen Platz am Tischende gefunden hatte. Im kommenden Jahr, sagte Vater, da gäbe es etwas zu feiern, seinen Neunzigsten und Mutters Fünfundachtzigsten. Da müsse er aber, erwiderte Mutter trocken, schön durchhalten bis dahin. Knapp vierzehn Tage später war Vater tot.

Der Findling auf Vaters Grab macht sich gut. Er verdüstert es nicht, fügt sich ein in die graue steinerne Umrandung. Wenn wir davorstehen, Mutter und ich, winterfeste Pflanzen eingraben, Unkraut zupfen, spricht sie mit ihm, mit ihrem Mann. *Warum hast du mich allein gelassen?* Ein rhetorischer, ein trotziger Vorwurf, der ihre Einsamkeit spiegelt. Manchmal schickt sie ihm ein *Mach es gut!* hinterher, ehe wir vorsichtig zurückgehen zur Friedhofspforte, Arm in Arm.

DIE WOHNUNG

1969 sind wir in die Hundsbergstraße gezogen, in eine
bessere Gegend, wie es hieß, im Osten der Stadt, in ein
Haus mit weniger »Parteien«, nicht weit vom Pfühlpark
entfernt, einer Anlage mit prächtigen Bäumen, einem
verwinkelten Rosengärtchen, einer Fußballwiese und einer Voliere, einem Bächlein und einem See, auf dem
man früher im Winter Schlittschuh lief. Eine Wohnung
im Souterrain mit lang gezogener Terrasse, Garage und
einem geräumigen Zimmer unterm Dach, das die Kinder nacheinander zu ihrem Reich machten, fernab der
elterlichen Aufsicht. Anfangs störte der ungewohnte
Lärm der Züge, die den Karlstor-Bahnhof passierten.
Bis die Gewöhnung eintrat, bis der Zugbetrieb eingestellt wurde.

Eine Wohnung in einem Haus, das der Baufirma gehörte, mit günstiger Miete für die Angestellten. Vater
war stolz über diese Veränderung, diesen Aufstieg. Eine
Lage im Übergang, zwischen den einfacheren Wohnungen in der Kerner- und Schillerstraße und den noblen

Häusern und Villen am Hang. Ein Haus bauen, das wollen wir nicht, sagten die Eltern, mit einem leisen Ton der Verteidigung, wenn sie hörten, wie Bekannte alles Geld zusammenkratzten und sich ein Eigenheim auf dem Land, in Sülzbach oder Schwaigern, anschafften. Wer kein eigenes Haus besaß, hatte es vielleicht nicht geschafft. Vor allem in Schwaben. *Unsere drei Kinder durften studieren.* Dieser Satz stach alle Argumente aus. Vater und Mutter schienen nicht darunter zu leiden, keine Hausbesitzer zu sein. Ich auch nicht.

Bis zu Vaters Tod, sechsundvierzig Jahre lang, lebten meine Eltern in dieser Wohnung zusammen, auf einhundert Quadratmetern. Sie spiegelt wider, was zu dieser Ehe, was zu den beiden gehört, was sie anschafften, was sie zu ihrem Zuhause machten, was Sicherheit gab und Halt. Wohnungen gehören zu uns, sind Teil unserer Biografie. Jahrzehnte später noch erinnern wir uns daran, wie die Küchen und Esszimmer, in denen wir gelebt haben, geschnitten waren. Ich sehe den weißen Badeofen in unserer ersten Heilbronner Wohnung vor mir, den winzigen Balkon, auf dem ich, an Röteln erkrankt, als Sechsjähriger verloren mit einer Schultüte stand, weil ich bei der Einschulung zu Hause bleiben musste.

In den letzten Jahren seines Lebens verließ mein Vater das Haus kaum noch. Seine Sehkraft hatte er zu weiten Teilen eingebüßt; zaghaften Schrittes ertastete er sich seinen Weg, halbwegs sicher nur, wenn er sich auf vertrautem Terrain bewegte, in unserer Wohnung. Wenn er einen Arzttermin hatte oder wenn wir alle paar Monate ein Restaurant oder eine Besenwirtschaft aufsuchten, fühlte er sich unwohl, sträubte sich sein Körper dagegen, sich fremdem Gebiet auszuliefern. So bezog er wohl oder übel ein Schneckenhaus, das Verlässlichkeit bot. Die Wohnung war sein Ruhepunkt. Seine Welt schmolz auf deren Dimensionen zusammen; sein Leben reduzierte sich von Jahr zu Jahr. Da meine Mutter ihn bis zuletzt versorgte, blieb es ihm erspart, in ein Heim zu ziehen, seine vier Wände in der Hundsbergstraße zu verlassen. Für nichts mehr war er seiner Frau, mit der er fast dreiundsechzig Jahre verheiratet war, dankbarer.

Noch Monate nach seinem Tod, bis die Haustüre ausgetauscht wurde, signalisierte ein Messingschild, wer hier wohnte. K. MORITZ stand da, sein Name nur, kein Gedanke daran, alle Familienmitglieder, die Kinder und Haustiere darauf zu verewigen. Hat sich meine Mutter jemals darüber beklagt, nicht genannt zu sein? Hat sie die patriarchalische Übergehung schweigend hingenommen, vielleicht sogar, ohne sich an ihr zu stören? »Chef« hat mein Bruder häufig zu Vater gesagt.

Die beiden anderen Parteien des Hauses hatten mit der Baufirma meist nichts zu tun, waren »normale« Mieter. So fühlte sich Vater in besonderem Maße zuständig für die Belange, wachte darüber, dass alle ihre Pflichten sorgfältig wahrnahmen, die Haustüre abends abschlossen, die Kehrwoche einhielten, keinen Unrat im Treppenhaus stehen ließen. Vermutlich war Vater bei den

Nachbarskindern gefürchtet, denn wenn sein Zorn anschwoll, weil die schmale Rasenfläche zwischen der Terrasse und den Garagen als Spielplatz genutzt wurde, kam es vor, dass er wütend die Terrassentür aufriss und lautstark den Kindern ihr Treiben untersagte. Im Mietvertrag stehe, dass die Grünflächen dafür nicht genutzt werden dürften. Wenn Vater roten Gesichts auf die Terrasse sprang, zog ich mich in eine Ecke zurück. Zwiespältige Gefühle rangen in mir: da der einflussreiche Vater, der Anweisungen gab, hier die Peinlichkeit, ihn so heftig gegenüber anderen Kindern auftreten zu sehen. Zum Glück verrauchte Vaters Zorn so schnell, wie er kam. Wir schwiegen bei Tisch, warteten auf das Versiegen des Vulkans.

Die Wohnung und ihre Dinge sprechen zu mir von meinem Vater. Seitdem er tot ist, sehe ich sie anders, haben sie eine Starre erlangt, als hätten sie mit dem Alltag nichts mehr zu tun, frage ich danach, was sie ihm bedeuteten. Je älter die Gegenstände, desto verschlüsselter und verborgener die Geschichten, die sie erzählen. In Marilynne Robinsons Roman *Lila*, der irgendwo im tief religiösen Mittleren Westen der USA spielt, erhält die Hauptfigur Lila Dahl, ein Findelkind, das einen viel älteren Reverend heiraten wird, ein Geschenk, ein Messer: »Der Griff war aus Hirschhorn, grade so sehr nur gebogen, dass er gut in der Hand lag, glatt und speckig und geprägt von den vielen Händen, die ihn schon gepackt hatten.« Ein Messer mit einer Biografie, mit vielen Vor-

besitzern, ein Gegenstand, der allein deshalb Respekt ein-
flößt: »Alles war so geprägt und abgegriffen vom Ge-
brauch und vom Zufall wie eine Hand oder ein Gesicht.
Es gab Dinge, vor denen musste man einfach Respekt
haben, und zu denen gehörte das Messer (…) Manche
Dinge fühlst du mit dem ganzen Körper.« Respekt vor
den Dingen, die das Leben meines Vaters begleiteten, die
ihm etwas bedeuteten, an die er sich gewöhnt hatte. Die
Spiegelungen meines Vaters in den Dingen seines
Alltags.

DER SESSEL

Eine jener Polstergarnituren, wie sie sich in vielen deutschen Wohnzimmern finden, als Zeichen für wirtschaftliches Wohlergehen, für ein Gemütlichkeit ausstrahlendes Zuhause. Ein Teppich, dessen orientalische Herkunft Eindruck machte, machen sollte, beste Qualität, handgewebt, wie Vater hervorhob. Manchmal drehte er ihn an einer Ecke um, damit wir das Markenzeichen, das Echtheitszertifikat sahen.

Ein Couchtisch mit cremefarbener, schwerer Marmorplatte, deren Wert man den Kindern eigens erläuterte. Anschaffungen wurden nicht nebenbei getätigt, sondern durchgesprochen, sorgsam entschieden. Anschaffungen leistete man sich, machte sie in einem gediegenen Fachgeschäft. Wenn man sich etwas leistete, dann Wertbeständiges, das langlebige Qualität verhieß, ohne auffällig oder protzig zu sein. Ein Sitzkissen, ein Sofa, helle Wollbezüge, ein wenig empfindlich. Alles beherrscht von glatten, dunklen Holztönen, wie die Schrankwand mit ihren Schubladen für das selten benutzte Silbergeschirr, für die Fotoalben und die großformatigen Bücher, die auf den zwei Regalbrettern der Schrankwand keinen Platz fanden, wie das in grobes, helles Leinen einge- schlagene Wilhelm-Busch-Hausbuch. Und die Haus- bar, deren Bestände die Eltern nie offen ausgestellt hät- ten. Spirituosentischchen wie in anderen Haushalten, das wäre ihnen ordinär vorgekommen. Stattdessen ver- steckten sich die Weinbrand- und Obstlerflaschen in der Bar, deren Klappe bei Bedarf langsam nach unten glitt. Und die beiden Sessel mit ihren hohen Rücken- lehnen, zum Fernseher ausgerichtet. Links saß meine Mutter neben der Lesekrippe, rechts mein Vater an der Schrankwand.

Haben sie jemals die Sitzposition gewechselt? Ich er- innere mich nicht daran. Vielleicht wenn Besuch kam. Vater pochte auf seinen Stammsessel, den ihm ohnehin nie jemand streitig gemacht hätte. Die Lehnen und die Polster umschlossen seinen Körper, der zunehmend zar- ter wurde. Als ihm das Gehen schwerzufallen begann, verbrachte er Stunden in seinem Sessel, hielt seinen Nachmittagsschlaf darin und legte die Füße auf die Mar- morplatte, was er in seinen aktiven Jahren nie getan hät- te. Füße hatten damals nichts auf dem Tisch zu suchen. Als die an die Kinder gerichteten Ermahnungen nichts mehr nutzten, passte sich Vater an. Sich gehen zu lassen, das nicht, aber das erfreuliche Gefühl, die Füße während seiner Siesta hochzulegen, gestattete er sich irgendwann selbst. Eine leichte Nachlässigkeit. Manchmal ermahnte ich ihn deswegen, auf den Sittenverfall in unserer Familie verweisend. Er verstand die Ironie.

Heute steht Vaters Sessel leer. Die Armlehnen zeigen die Spuren jahrelanger Nutzung; wo seine Handgelenke und Unterarme auflagen, ist das Dunkelbraun heller geworden. Die Farbe auffrischen zu lassen lohnte sich nicht mehr. Der Sessel hat sich ihm angeglichen, er gehörte zu ihm. Hier konnte ihm nichts geschehen. Bei meinen Besuchen zuletzt, wenn er mich in seinem Stammplatz erwartete, legte ich ihm die Hand auf die Schultern und dann auf den fleckigen Arm. Froh über die Abwechslung, über das Kommen seines Sohnes, drehte er sich lachend mit unsicher blickenden Augen zur Seite. *Rainer, grüß dich. Bist du da?*

Manchmal meinte ich, dass er mich nur mehr an der Stimme erkannte. Er erkundigte sich nach der Anfahrt, Bahnverspätungen, nach Staus auf der Autobahn, legte seine tastende Hand auf meine. Eine kurze, feste Berührung, vielleicht intensiver als alle Körperkontakte, die ich je mit ihm hatte. Wie oft haben wir uns im Leben umarmt? Wie oft bin ich als Kind auf seinem Schoß gesessen? Fotos zeigen mich beim Wandern auf seinen Schultern sitzend, doch von zahlreichen Zärtlichkeiten zwischen Vater und Sohn ist kaum eine in Erinnerung geblieben. Das war nicht üblich in unserer Familie. Wenn ich heute meinen Sohn umarme, ihm morgens einen Abschiedskuss aufdrücke, was er noch nicht ablehnt, denke ich an Vater. Was hat seine Generation verpasst, weil sie auf Innigkeit verzichtete, weil sie dachte, sie müsse darauf verzichten? Wie war sein Vater mit ihm umgegangen?

Erleichtert wirkte Vater, wenn er sich in die Sicherheit des Sessels zurückfallen ließ. Wenn er die Gänge ins Bad hinter sich hatte, die Augen schloss, darauf wartete, dass der Tag verstrich. Am Ende verkleinerte sich sein Radius auf das Umfeld seines Sessels, der nun verlassen dasteht. Das Holz der Lehne zeigt den Verschleiß stärker und schmerzender als je zuvor. Ich benutze ihn nie. Auch meine Mutter käme nicht auf die Idee, ihn sich anzueignen. Wie viel Feuchtigkeit, wie viel Schweiß von Vaters Armen steckt in diesem Sessel? Eine Ausdünstung, die längst verflogen ist und die dennoch mehr ist als eine Ausdünstung.

DER FERNSEHER

Vaters Sessel war sein Fernsehsessel. Seine Sehkraft verschlechterte sich, als er achtzig wurde. Nichts zu machen sei da, keine Operation könne helfen, das Rad zurückzudrehen. Fortan bewegte er sich unsicher durch seine Welt, erkannte sie bloß schemenhaft. Seinem Blick sah man das Unbehagen an, wenn die Familie zusammenkam und er nicht zweifelsfrei erkannte, welches seiner Enkelkinder auf ihn zusprang. Er wollte diese Schwäche nicht zeigen, wie er nie Schwächen zeigen wollte. Tat so, als habe er mühelos zugeordnet, wer sich ihm zuwandte. Zeitlebens kam er ohne Brille aus. Was, wie viel von seiner Welt hat Vater verloren, als er selbst die Dinge seiner Umgebung nur in Umrissen erkannte?

Als er die Diagnose erhielt, dass er seine Sehkraft weitgehend verlieren würde, stand ihm Verzweiflung ins Gesicht geschrieben. Er sah mich einen Moment lang an, unwillig, verärgert, und obwohl er es nicht gewohnt war und es sich selbst nicht gestattete, zu klagen oder Verdruss am Leben laut werden zu lassen, traf ihn diese

Nachricht so, dass seine Abwehrmechanismen kurzzeitig versagten. Sein Gesicht verzerrte sich, und er stieß ein *Was soll das noch für einen Sinn haben?* hervor. Nicht mehr gut sehen zu können, das lähmte seine Lebenskraft. Er kam auf diese Angst, auf seine Empörung nicht mehr zu sprechen. Am Dasein zu zweifeln, zu verzweifeln, es nicht aushalten zu wollen, das war kein Gedanke, den er verfolgte. Man nahm es, wie es kam.

Wenn er vom Selbstmord eines Prominenten in der Zeitung las, schüttelte er den Kopf; zu sagen hatte er dazu nichts. Solche Themen mied er. Er hatte keine Übung, darüber zu sprechen – nicht mit seinen Kindern und wohl auch nicht mit seiner Frau. Als sich der Sohn eines Neffen, mit sechzehn, siebzehn Jahren, umbrachte, ohne einen Brief zu hinterlassen, verlor Vater die Fassung. Wie konnte so etwas geschehen, wie der Enkel seines Bruders sich und seinen Eltern so etwas antun? Spekulationen und Mutmaßungen schossen ins Kraut. Die familiären Kontakte zum Bruder und dessen Familie waren zu lose, als dass man unmittelbar hätte Anteil nehmen oder Beweggründe erfahren können. Das eigene Kind beschließt, sich – in welcher Not auch immer – das Leben zu nehmen. Das gab es vielleicht in Filmen oder Romanen, die Vater nicht las. Eine Tat, die sein Weltbild sprengte, umso mehr, je weniger er über die Hintergründe wusste. Wie sollen Eltern damit weiterleben? Stellte er sich vor, wie er selbst auf ein solches Ereignis reagieren würde? Waren seine Kinder gegen Ausweglosigkeit gewappnet? Trugen Eltern Schuld, wenn so etwas geschah?

Über seine Krankheiten, womöglich seine Angst vor dem Tod hat er mit mir nie gesprochen. Der eine Satz nur, als er erfuhr, dass er seine Sehkraft zu großen Teilen einbüßen, er mit seiner geliebten Tageszeitung nichts mehr anfangen würde. Anfangs las Mutter ihm Artikel beim Frühstück vor, was er mürrisch hinnahm. Zu groß die Einschränkung, die Erniedrigung. Vom Fernsehen wollte er nicht lassen, von dieser Unterhaltung, ohne die er die Tage nicht durchgestanden hätte. Mit einer Spezialbrille, die er manchmal sogar aufsetzte, sah er, wie er behauptete, ein klein wenig besser, doch mehr als die groben Umrisse der Schauspieler erkannte er wahrscheinlich nicht. Bei Fußballspielen, einer ihm bis zuletzt gebliebenen Leidenschaft, tat er so, als könne er die Aktionen genau einschätzen, ja sogar strittige Elfmeterentscheidungen beurteilen. Wenn wir zusammen die *Sportschau* oder WM-Spiele sahen, versuchte ich meine Erläuterungen unauffällig auszudehnen, ihm Brücken zu bauen und ihn in die Beurteilung der Szenen einzubinden. So blieben wir einander durch den Fußball nah. Der hatte seit jeher als unbeschwertes Gesprächsthema getaugt. Besser über die Chancen des Karlsruher SC oder des FC Nürnberg zu sprechen, als zu schweigen.

Der Fernseher wurde für Vater mehr und mehr zum zweiten Rundfunkgerät. Wer die Nachrichten sprach, wer in einer Volksmusiksendung sang, das hatte keinen

Belang. Die Fernbedienung lag stets in Griffweite, um die Lautstärke zu regulieren, meistens so, dass Mutter einschritt und sie reduzierte. *Das ist zu laut, Kurt.* Sie gehörte zu den letzten Instrumenten, mit denen er Macht ausübte. Mit ihr ließ sich Abwechslung herstellen und Abneigung ausüben. Technischen Geräten, denen man ausgeliefert war, sich wohl oder übel ausliefern musste, das bedeutete Demütigung. Wie der Abschied vom Autofahren. Lange Zeit stand es für ihn außer Frage, dass er der Herr des TV-Programms war – eine Überzeugung, die bröckelte, als er auch da auf Mutters Hilfe angewiesen war. Ab und zu rebellierte er, wenn Mutter – mit Rücksicht auf die Nachbarn – den Ton dämpfte. Meistens fügte er sich.

Am Fernsehgerät wollte er nie sparen. In den Sechzigerjahren stand die Anschaffung des ersten Apparats für ein Sich-etwas-leisten-Können, ein Kauf, den die Kinder zudem begeistert aufnahmen. Er bekam einen exquisiten, markanten Platz im Wohnzimmer zugewiesen, von den Sesseln, von der Couch bestens einzusehen. Warum verstecken, was man besaß. Das teure Gerät in Schrankwänden zu verbergen wäre ihm albern erschienen. Unser Familienleben wurde nicht vom Fernseher bestimmt, doch ohne ihn wäre es anders verlaufen. *Der goldene Schuss*, *Das aktuelle Sportstudio*, *Zum Blauen Block*, *Drei mal Neun*, die Musikshows von Anneliese Rothenberger, Vico Torriani und Peter Alexander, das gehörte zu unserem Leben. Mit Krimiserien konnte Vater mit zunehmenden Jahren nichts anfangen. Derricks Ermittlungen in Münchner Vorortvillen kamen ihm unrealistisch vor. Francis Durbridges Straßenfeger oder *Die Gentlemen bitten zur Kasse* wurden selbstverständlich gesehen. An Wochenendnachmittagen bevorzugte Vater Filme mit Schauspielern, die ihm aus seiner Jugend vertraut waren. Hans Moser, Josef Meinrad, Ruth Leuwerik, Sonja Ziemann, Georg Thomalla, O. W. Fischer, Rudolf Prack, Heinz Rühmann – sie alle besaßen einen Bonus, gleichgültig, ob sie »unterm Hitler« bereits Karriere gemacht hatten oder nicht. Schauspieler von früher waren fast immer bessere Schauspieler als die aktuellen Schauspieler, das galt fast ausnahmslos, übrigens auch für Fußballer und Politiker.

Am zufriedensten war Vater, wenn Western liefen. Er kannte die meisten, hatte etliche von ihnen mehrfach gesehen. *El Dorado, Zwölf Uhr mittags, Die vier Söhne der Katie Elder* oder *Rio Bravo* garantierten gelassene Fernsehstunden, ohne dass mit Missfallensbekundungen zu rechnen war. Gary Cooper, John Wayne, Richard Widmark, Robert Mitchum oder Burt Lancaster, den Vater »Lantchäster« aussprach, egal, wie oft wir betont unauffällig »Lankäster« sagten, waren Typen nach seinem Geschmack. Zur Not tat es eine Serie wie *Bonanza*. Ihr immer mit »eurem Geballer« schimpfte Mutter vor sich hin, wenn wieder ein ellenlanger Western lief, und begann Socken zu stopfen.

Vielleicht war ich meinem Vater nie näher als beim

gemeinsamen Fußball- und Westernschauen, wenn er sich im Sessel leicht nach vorne beugte, um ja kein elfmeterreifes Foul und keine Saloonschlägerei zu verpassen. Oder bei den großen Boxkämpfen in den Siebzigerjahren, als wir nachts aufstanden, um Cassius Clay, Joe Frazier und George Foreman live zu erleben. Der Wecker klingelte um drei oder vier Uhr. Im Bademantel saßen wir vor dem Fernseher. Mutter blieb im Bett. Es war totenstill im Haus, Mutter versuchte weiterzuschlafen, nur die Reporterstimme tönte durch den Raum, und dann unsere Aufschreie, wenn Cassius Clay alias Muhammad Ali einer schnellen Rechten tänzelnd auswich.

Vater und ich, eingeschlossen in einem Kokon, der nicht zerreißen sollte. Ich war erleichtert, wenn die Kämpfe nicht gleich am Anfang durch einen *lucky punch* entschieden wurden, wenn es über volle zwölf Runden ging, die Kämpfer lädiert in den Seilen hingen. Vater fieberte mit, wartete wie in seiner Jugend, als er Max Schmeling und Adolf Heuser hatte kämpfen sehen, auf packende Infights. Mit Muhammad Alis ästhetisch-provozierenden Bewegungen tat er sich anfangs schwer. Einige Jahre später lachten wir zusammen, als Norbert Grupe alias Prinz von Homburg nach verlorenem Kampf gegen den Argentinier Óscar Bonavena im *Aktuellen Sportstudio* zu allen Fragen des Moderators schwieg und dümmlich lächelte. Das erheiterte Vater – so wie der Auftritt eines Idols seiner Jugend, des Weltrekordschwimmers Johnny Weissmüller, der in den Dreißigerjahren als Tarzan-Darsteller brillierte. In Begleitung seiner Frau Maria und eines Schimpansen unterhielt er sich mit Dieter Kürten, bis es dem Affen zu fade wurde und er kurzerhand Frau Weissmüller die blonde Perücke vom Kopf riss – eine Szene, über die sich Vater kranklachte.

Der letzte Fernsehapparat in Vaters Leben, vor dem er am Vorabend seines Todes saß, war ein Loewe, ein Loewe-Markengerät. Metz oder Loewe, diese Firmen allein standen zur Debatte. Eventuell Grundig, bis der Konzern zerfiel und von irgendwelchen ausländischen Investoren übernommen wurde. Vater wollte die deutsche Wirtschaft stärken, und dass Metz und Loewe in Franken produzierten, kam als Kaufargument hinzu. Was immer wir von den Vorzügen der günstigen asiatischen Anbieter erzählten, wie immer wir Panasonic oder Sony priesen, das zählte nicht. *Wir leisten uns einen Loewe*, sagte Vater schmunzelnd, und während andere ihre technischen Gerätschaften längst in Elektroniksupermärkten kauften, blieben meine Eltern dem Einzelhandel treu – solange es den noch gab. Das Fachgeschäft Heiligenmann in der Hafenmarktpassage bekam den Zuschlag, und zur Installation und bei Reparaturen, die Nervosität aufkommen ließen und das Familiengefüge schnell durcheinanderbrachten, eilte der Inhaber persönlich herbei. Das verhieß Solidität, ein Handwerksmeister, der einem nie billigen Schrott verkaufen würde und zur Stelle war, wenn man ihn brauchte. Dass schließlich sogar die Firma Loewe in Schwierigkeiten geriet, bedeutete für Vater nichts Gutes. Den Zusammenschlüssen von Firmen, den Übernahmen durch Großkonzerne gewann er nichts ab. Sein ganzes Leben als kaufmännischer Angestellter hatte er in kleineren Dimensionen zugebracht. Da gab es »seine« Firma, Koch & Mayer, ein lange Zeit florierendes Bauunternehmen mit Filialen in Stuttgart und Reutlingen, dessen Niedergang er als Rentner ungläubig kommentierte. Unfasslich, dass es so weit hatte kommen können.

Vaters letzter Loewe hat seinen Platz im Wohnzimmereck behalten. Er steht da, wo er immer stand, und hilft meiner Mutter durch die Abende. Die altgediente Fernbedienung liegt in ihren Händen. Sie muss sie niemandem mehr gegenüber verteidigen.

PFERDE IM GEWITTER

Über dem Sofa, links neben dem Fernseher, hängt unübersehbar eines von Vaters Bildern, in Öl. Vermutlich gehörte es schon in unserer alten Wohnung zum Inventar. Maltalent lag in Vaters Familie, sein Bruder Alfons pflegte es, vererbte es seinem Sohn, während wir von Vaters Fähigkeiten nichts abbekamen. Wann hat Vater mit dem Malen begonnen, nach dem Krieg, in Fürth? Wann hat er damit aufgehört? Eine Handvoll seiner Gemälde und Zeichnungen verteilen sich auf die Wohnung. Zwei altmodische Farbbilder von Handwerksburschen, Idyllen, die er für seine Schwiegermutter malte. Ein Ölgemälde im Schlafzimmer, das zwei an den Strand gezogene Segelboote zeigt, ein Geschenk für Tante Margret und Onkel Hermann aus Speldorf. Nach deren Tod kam es zurück zu uns, weil deren Kinder damit nichts anzufangen wussten. Im »kleinen Zimmer« neben der Eingangstür ein Kleiber und ein Buntspecht lebensecht nachempfunden. Und natürlich das Bild im Wohnzimmer, *das* Bild.

Vaters Kreativität scheint nie nach eigenen originellen Bildmotiven verlangt zu haben. Er malte nach, nahm sich Vorlagen – Postkarten oder Illustrationen – und begann zu kopieren. Sein Königsbild im Wohnzimmer stammt im Original von dem pommerschen Maler Alfred Roloff, 1879 geboren, der sich als Illustrator und Tiermaler Anerkennung verschaffte und den Spitznamen »Pferde-Roloff« erhielt. *Pferde im Gewitter* heißt es. Es zeigt sich ängstlich aneinanderdrängende, schwergewichtige Pferde, die hinaufblicken zu schwarzen, näher rückenden Gewitterwolken. Massige Bauernrösser, deren Körper archaische Kraft ausstrahlen. Ausladende Hinterteile, muskulöse Schenkel und doch ein banges Aneinanderschmiegen voller Zweifel und Unruhe. Die Tiere sind in fiebriger Bewegung, versuchen dem Sturm keine Angriffsfläche zu bieten. In der Mitte ein hellbraunes Tier mit weißer Mähne und hellem Schweif, der Anführer, am Rande ein unerfahrenes Fohlen, das noch nichts von der Notwendigkeit weiß, sich eng in die Gruppe zu fügen, und den Kopf neugierig nach vorne reckt, die Gefahr unterschätzend. Darüber schwarzgraue Wolkengebirge in allen düsteren Farbnuancen, eine Erwartung schweren Wetters prägt die Stimmung.

Wie schwierig war es, Roloffs Pferdegruppe nachzumalen, die klobigen Leiber, das Gewirr nervös trippelnder Hufe? Was hat Vater in diesem Bild gesehen? Sicher imponierte ihm, wie der Maler Tiere in verhaltener Aktion, wie er den Rhythmus ihrer Gliedmaßen in kraftvollem Realismus eingefangen hatte. Ahnte er, dass andere dieses Bild gerade wegen seiner Dynamik, seiner kraftstrotzenden Körper schätzten? Wie Adolf Hitler. In dessen Arbeitszimmer in der Neuen Reichskanzlei, Berlin, Wilhelmstraße, hing Berichten zufolge Roloffs großformatiges Gemälde *Flüchtende Pferde*. In Hitlers Münchner Jahresschauen der Großen Deutschen Kunstausstellung, dem Gegenentwurf zu dem, was man als »entartete« Kunst denunzierte, stellte Alfred Roloff acht Mal aus, darunter Hitlers *Flüchtende Pferde* und Vaters *Pferde im Gewitter*, die Joachim von Ribbentrop, der NS-Außenminister, gekauft haben soll. Was ist nach dem Krieg aus dem Original geworden? Im Deutschen Historischen Museum in Berlin, wohin eine Spur führte, lagern, sagte man mir, die *Pferde im Gewitter* nicht. Wo ist das Original heute?

Erfahren habe ich von der Geschichte des Bildes erst spät. Roloffs Präsenz im Nationalsozialismus kannte mein Vater wohl nicht, sie hätte ihn kaum interessiert, allenfalls als Kuriosum. Das alles spielt eine Rolle, aber welche nur? Seitdem ich denken kann, hängt es über unserer Couch. Kein helles, freundliches Sommermotiv, stattdessen eines, das den Raum verdunkelt. Was mögen Gäste, die zum ersten Mal zu uns kamen, gedacht haben, als sie es erblickten? Dass Vater es eigenhändig gemalt habe, wurde stets erwähnt. Der kaufmännische Angestellte als Freizeitmaler. Kein Original, kein Meisterwerk der Kunstgeschichte gewiss, doch auch keine geschmacklose Idylle eines Spitzweg-Epigonen, kein triefender Sonnenuntergang, kein Hirsch am Waldrand. *Pferde im Gewitter*, das war Vaters Bild, ein Teil von ihm, aus der Zeit, als er noch malte. Es ist immer noch Vaters Bild. Wo wird es in dreißig Jahren sein?

Sein Hobby gab er irgendwann auf. Es blieb ihm zwischen Beruf und Familie offensichtlich zu wenig Zeit. Nie habe ich ihn malend erlebt, mit Pinseln und Tuben an einem Bild arbeitend. Gern wäre ich stolz auf ihn als Künstler gewesen, ihm zu Füßen gelegen, hätte ihm zugeschaut, wie er die Vorlage taxiert, die Körperlinien der Pferde zu treffen versucht. Eine Wunschvorstellung. Allenfalls wenn seine Enkelkinder ihn baten, für sie einen Fuchs oder einen Spatz zu zeichnen, ließ er sich nicht zweimal bitten, kramte sein verschollenes Talent hervor und brachte mit wenigen Strichen zuwege, was ich mit vielen Strichen nie zuwege gebracht hätte. Er sah nichts Transzendentes in Bildern, mit abstrakten Gemälden konnte er nichts anfangen, er wollte die Welt getreulich nachbilden mit klaren Farben und klaren Konturen, das gefiel ihm. Wie seinen Enkeln.

Ehe Vater in den Ruhestand ging, nach bald fünfunddreißig Jahren nicht mehr tagein, tagaus seinen Schreibtisch aufsuchte, hatte sich Mutter Gedanken gemacht. Was würde ihr Kurt den ganzen Tag über zu Hause anstellen, mit sich anfangen? So erinnerte sie sich an seine künstlerischen Jugendjahre und schenkte ihm zum Start ins Rentnerdasein eine Staffelei mit kompletter Ausrüstung. Jetzt könntest du doch wieder mit dem Malen anfangen. Vater freute sich über das Geschenk, doch seine Haltung drückte Unsicherheit und Distanz aus. Eine Zeit lang ermunterten wir ihn, sich wieder auf sein Können zu besinnen. Er scheute sich, raffte sich nicht auf. Dann gaben wir unser Nachfragen auf. Hat mein Vater als Ruheständler je ein Bild gemalt, eine Skizze begonnen, hat er die Ölfarbentuben je aufgeschraubt, einen Pinselstrich getan? Vielleicht, doch die Staffelei kam mir vor allem als stille Mahnung vor, als pädagogischer Fingerzeig, der nichts nutzte. Vater wollte nicht zurück. Seine Pferde im Gewitter genügten ihm. Irgendwann verschwand die Staffelei im Jugendzimmer, blieb lange in dieser Versenkung.

DIE MUSIKANLAGE

Eine Anlage, eine gediegene Grundig-Anlage, gekauft im Fachgeschäft Elektro Weber. Zentimetergenau wurde sie in die Schrankwand eingepasst. Radio, CD-Player, Plattenspieler in elegantem Schwarz und mit zwei Boxen, die auf keinen Fall zu kräftig aufgedreht werden durften. *Nicht so laut!* Ein banger, ja zorniger Aufschrei, der sich oft keinem bestimmten Elternteil zuordnen ließ. Als hätten Mutter und Vater gemeinsam gerufen, in ihrer Angst, die Ordnung im Haus ungebührlich zu stören. Man nimmt Rücksicht auf die anderen Mieter. So lief Pop- oder Schlagermusik bei uns nie in angemessener Lautstärke. Wäre aus den beiden anderen Wohnungen Lärm zu uns gedrungen, hätte sich Vater umgehend beschwert. Er fühlte sich als Mieter erster Klasse, als eine Art Hausverwalter, der den anderen im Zweifelsfall erklärte, wie die Angelegenheiten zu regeln waren. Schon beim Einzug hatte er den Bauleiter zurechtgewiesen, weil im Treppenhaus eine Wand nässte, ein zweites Mal gestrichen werden musste. Ein Neubau, der transpirierte, Pfusch.

Vollkommen beheben ließ sich die Sache nicht. Noch heute, wenn ich im Zimmer meiner Jugend schlafe, bemerke ich im obersten Stockwerk den unregelmäßigen Farbauftrag, sind die bald fünfzig Jahre alten bräunlichen Schatten nicht zu übersehen.

Genauestens achtete Vater darauf, dass die Haustüre abends verriegelt wurde, doppelt. Wer wollte in Heilbronn nach 22 Uhr aus dem Haus gehen? *Ist schon abgesperrt?* Den Klang von Vaters Frage habe ich im Ohr. Nie wäre er zu Bett gegangen, ohne sich darum zu kümmern. Am liebsten erledigte er das selbst, sicher ist sicher. Meine Mutter pflegte diese Tradition lange weiter. Erst im hohen Alter resignierte sie allmählich, da den neuen Mietern die Haustürverriegelung gleichgültig war. Jetzt lässt sie die Tür über Nacht, wie sie ist. Drohende Einbrüche beschäftigen sie nicht mehr.

Mit den meisten Mietern kam Vater zurecht. Zum Glück wohnten nie allzu viele Kinder im Haus, die herumtrampelten und herumlärmten. Manche der Familien verzichteten auf Teppiche, was ihm als eine rücksichtslose Zumutung erschien, stolzierten womöglich in Stöckelschuhen übers Parkett. Lediglich mit den Albingers im zweiten Stock gab es Probleme. Mit ihm hatte Vater beruflich zu tun, sie stammte aus Kiel, passte also nicht ins Schwabenland. Sie gab sich blasiert und trat mit Perücke auf die Straße, während sie bei ihren Gängen durchs Haus keinen Wert auf gut sitzendes Haar legte. Drinnen pfui, draußen hui. Als sie sich mit Mutter anlegte und sie »kleinkariert« nannte, lief Vater zur Hochform auf, rief abends bei den Albingers an und schrie in den Telefonhörer. Stocksteif saßen wir im Wohnzimmer, sahen uns an, als ginge der bürgerliche Frieden an diesem Tag unter, als würde Vater gleich durchs Treppenhaus nach oben hasten und sich mit Albinger duellieren. Ja, er ließ sich nichts gefallen, das imponierte mir, und zugleich wollte ich nicht hören, wie er Herrn Albinger drohte, von einer Kündigung des Mietvertrages sprach. Was außerhalb seiner Kompetenzen lag. Der cholerische Vater, dessen Laune binnen kurzer Zeit umschlug, der heitere Vater, dessen Gesicht kurz darauf von seiner Wut keine Spuren mehr zeigte.

Laut ging es selten zu in unserem Haus. Daran änderte der Plattenspieler nichts. Vater liebte »gute Stimmen«, Opern- und Operettensänger. Wie er im Fernsehen beim *Blauen Bock* zum Beispiel darauf wartete, dass Hermann Prey, Rudolf Schock und Erika Köth auftraten – und nicht diese Schlagersternchen mit den dünnen Stimmen, die, so sein Standardvorwurf, das Mikrofon verschluckten, um sich überhaupt Gehör zu verschaffen. Einige Schlagersänger wie Karel Gott, Freddy Quinn und Nana Mouskouri fanden Gnade vor seinen Ohren.

Rudi Schurickes *Capri-Fischer* war sein Leib-und-Magen-Lied. Zwanzig Jahre alt war er, als alle Rundfunksender das Lied spielten. In der Nachkriegszeit, da Vater schnell Fuß fassen wollte, meine Mutter in Neusäß kennenlernte, sie gemeinsam Feldhandball spielten. Rudi

Schuricke und René Carol lieferten die Begleitmusik, mit ihren tanzbaren Sehnsuchtsliedern, deren süßlicher Kitsch half, das Vergangene auszublenden, zu übertünchen und in der neuen Zeit anzukommen. Vaters eigene Stimme konnte sich hören lassen, er sang auf Betriebsfeiern, davon gibt es unscharfe Fotografien, und er sang, wenn wir zwei-, dreimal im Jahr nach Schwandorf in der Oberpfalz fuhren, um seine Mutter und seine Geschwister zu besuchen. Er hatte als Einziger der vier Kinder die Oberpfälzer Heimat verlassen, anderswo sein Glück gesucht, erst in Fürth, wo er bei einer Polsterfirma arbeitete, dann in Heilbronn.

Er legte Ehrgeiz an den Tag, wollte am Wirtschaftswunder teilhaben, vorankommen. Bei unseren Besuchen in Schwandorf wunderte sich eine seiner Schwägerinnen darüber, wie der Kurt das ohne höhere Schulbildung geschafft hatte und schließlich sogar einen Audi 80 fuhr. Übertroffen nur von seiner deutlich jüngeren Schwester Marerl, die am meisten Weltläufigkeit zeigte und eine weiße, kantige Giulietta fuhr, ein italienisches Fahrzeug, das Vater nie in die Garage gekommen wäre.

Wenn wir abends in Schwandorf beisammensaßen, Bier und Obstler flossen, ließ sich Vater nicht lange bitten und begann zu singen. Fast immer, will es mir im Nachhinein scheinen, trug er Schurickes *Capri-Fischer* vor, mit klarer Stimme, sich im Bewusstsein seiner Wirkung wiegend, als habe er ein Mikrofon in der Hand … *Wenn bei Capri die rote Sonne im Meer versinkt, und vom*

Himmel die bleiche Sichel des Mondes blinkt … Geheuer war mir das als Kind nicht, eher unangenehm. Der eigene Vater, der sich als Sänger produzierte, das ignorierte ich lieber und ging zu meinen Cousins und Cousinen ins Nebenzimmer. Die Alten sprachen über langweilige Dinge, über früher, den Krieg, oder sie gerieten in Streit, wenn es ums Politische ging. Vaters älterer Bruder war Arbeiter geblieben, warf ihm vor, sich von den Wurzeln der Familie abgewandt zu haben.

Vater war ein gut aussehender, fescher Mann mit scharf geschnittenen Gesichtszügen und einem großen Kopf, den seine Kinder von ihm geerbt haben. Wenn ich mir Zackenrandfotos von ihm anschaue, meine ich, dass er den Schlagersängern jener Jahre ähnlich sah, den Schurickes, Carols, Hagaras und Bertelmanns. Zeittypische Gesichter und Frisuren, mit Haarcreme sorgfältig pomadisiert. So wie die Frauen sturmsichere Dauerwellen trugen oder Anneliese-Rothenberger-Hochfrisuren, die eine Menge Arbeit erforderten. Habe ich, wenn schon nicht Vaters Gesangsqualitäten, seine Lust am Auftritt von ihm geerbt, sein nie unsicher wirkendes Vor-die-Leute-Treten?

Den Umgang mit dem CD-Player überließ Vater lieber Mutter, die ihm in seinen letzten Jahren Einspielungen seiner Lieblingssänger besorgte: des Baritons Ludwig Baumann zum Beispiel. Auf dem Grundig-Radioteil klebt seit Jahren ein roter Punkt, der es Vater ermöglichte, den, nein: seinen Bayerischen Rundfunk problemlos zu finden, in der Zeit, als seine Augen schwächer wurden. Unsicher schob er seinen Oberkörper nach vorne, drückte die von Mutter markierte Taste und nahm wieder im Sessel Platz. Der Bayerische Rundfunk war der Bayerische Rundfunk, da konnte sich der Süddeutsche Rundfunk anstrengen, wie er wollte, gegen den vertrauten Heimatsender wuchs kein Kraut.

Vor allem am Samstagnachmittag, wenn von den Bundesligaplätzen berichtet wurde, wenn die Schlusskonferenz den Wochenendhöhepunkt bot, vertraute er den fränkischen und bayerischen Reportern, vertraute er Bayern 1. So wuchs ich mit den Stimmen von Oskar Klose, Ludwig Maibohm, Sammy Drechsel und Günther Koch auf, dirigiert von Fritz Hausmann im Studio. Ja, sogar einem Nachgeborenen wie Gerd Rubenbauer gewann er etwas ab, zumal dieser Volksmusiksendungen im Fernsehen moderierte. Näher fühlte sich Vater da seiner Herkunft, seinem heimatlichen Dialekt, und so hielt er, obwohl er nie eingeschworener Anhänger eines Vereins war, aus Tradition zum FC Nürnberg, zu den Clubberern, und, da seine Söhne streng geschieden waren in ihrer Leidenschaft für Bayern München und für die Münchner Löwen, abwechselnd zu beiden Clubs. Die Akklimatisierung an Württemberg ging so weit, dass er mitunter dem VfB Stuttgart Gutes wünschte.

Das Radio schaltete Vater erst nach der Halbzeitpause ein, wenn die Spannung stieg. Dann konzentrierte er sich, registrierte ungläubig, wenn die Falschen ein Tor erzielten. Sein Engagement ging nie so weit, dass ihn eine Niederlage aus dem Gleichgewicht geworfen hätte. Als ab und zu ein früherer Arbeitskollege und Nachbar sich einfand, um mit uns Fußballspiele im Fernsehen zu verfolgen, brach Vater dieses Experiment bald ab. Zu unangenehm waren ihm die lauten Ausrufe des Nachbarn, der sich bei vergebenen Torchancen krachend auf die Schenkel schlug und aufjaulte. Das fand Vater unpassend und übertrieben.

Um Vater auf dem Laufenden zu halten, kaufte ich als Schüler montags und manchmal sogar donnerstags das *Kicker-Sportmagazin*, das er intensiv studierte. In den frühen Siebzigerjahren gab es die wichtigen Informationen noch früher: Ab 20 Uhr wurde Sonntagabend am nahe gelegenen Karlstor-Kiosk der *Sportbericht* in einem VW-Bus angeliefert, mit den Ergebnissen aller Ligen, selbst der im Amateurbereich, und den Spielberichten, die ein ganz anderes Licht auf das warfen, was man zuvor im Radio gehört und im Fernsehen gesehen hatte.

Ich holte für Vater den *Sportbericht*, selbst wenn es winters stockdunkel war und ich die Bahnunterführung lieber gemieden hätte, wo es nach Urin stank und die Wände verschmiert waren. Am Kiosk stand ich unter erwachsenen Männern, die auf den Fahrer mit der Zeitungslieferung warteten, hörte ihr fachmännisches Urteil und fühlte mich gut, neben ihnen stehen zu dürfen. Eine Süßigkeit durfte ich mir aussuchen, dann ging ich sehr langsam zurück, überflog die Überschriften. Zu Hause war Vater als Erster dran und für die nächste Stunde nicht ansprechbar. Mutters Hinweis, dass im Radio und Fernsehen alles schon zwei- oder dreimal gelaufen wäre und es ganz unverständlich sei, warum man für dieses Sportblatt Geld ausgab, erhielt als Reaktion nicht einmal ein Kopfschütteln. Man musste die Dinge genau studieren, um Bescheid zu wissen. Vater und Sohn vereint in der Lektüre des *Sportberichts*.

Der rote Papierpunkt hat seinen Platz auf der Anlage behalten. Vermutlich benutzt ihn meine Mutter inzwischen, obwohl sie ihn nicht bräuchte, aus guter Gewohnheit, um den Bayerischen Rundfunk anzusteuern.

DIE LESEKRIPPE

Vater war kein Leser, kein Bücherleser. Allenfalls Bild-
bände oder Lebensgeschichten interessierten ihn, wenn
sie zum Beispiel Reinhold Messner schrieb. Abenteurer,
Wagemutige wie er imponierten ihm, knorrige Typen
wie Heinrich Harrer oder Luis Trenker. Dass diese mit
den Nationalsozialisten paktiert, ihr Fähnchen nach dem
Wind gedreht hatten, tat seiner Hinwendung keinen Ab-
bruch. Die Berge waren Vaters Welt, und Luis Trenkers
weitschweifigen, urwüchsig vorgetragenen Erzählungen,
die zum jungen bundesdeutschen Fernsehprogramm gehörten, lauschte er hingebungsvoll. Bergfilme nahmen es
in seinen Augen manchmal sogar mit Western auf. Über
Erstbesteigungen wusste er genau Bescheid, und die
höchsten Berge Europas zählte er mühelos auf. Geografie
war eine von Vaters Stärken.

Und er kannte sich in Restaurants aus, in den aller-
besten deutschen Restaurants wohlgemerkt. Denn als
Vaters Augen noch in Ordnung waren, vertiefte er sich
liebend gern in Gastronomieführer – was mit sich brach-

te, dass man nicht lange überlegen musste und ihm die Gault-Millaus, Guides Michelin, Varta- und Aral-Restauranthandbücher zu Weihnachten oder zum Geburtstag auf den Gabentisch legen konnte. Väter zu beschenken ist ja nicht einfach.

Nicht, dass Vater bei Sterneköchen ein und aus gegangen wäre. So gut wie nie besuchte er solche edlen Lokale. Zu meinem vierzigsten Geburtstag lud ich die Eltern ins »Waldhorn« nach Bebenhausen ein, ein mit einem Stern dekoriertes Restaurant, in dem die Schönen und Reichen aus Tübingen verkehrten. Vater zog seinen besten Anzug an, mit Krawatte natürlich. Sein Wissen über die gastronomischen Ab- und Aufsteiger war enorm; er verglich die Testurteile, konnte ausführlich erzählen, was sich bei den Wohlfahrts, Schuhbecks, Klinks und Witzigmanns Neues tat, welcher prämierte Koch wo seine Zelte aufschlug. Auch über die Schillings im Bebenhausener »Waldhorn« wusste er bestens Bescheid. Einer der Schilling-Brüder stehe andernorts ebenfalls einem Sternetempel vor.

Mit dem, was die Küchenchefs zelebrierten, wie sie traditionelle Gerichte neu »interpretieren«, die Segnungen der Nouvelle Cuisine oder gar der Molekularküche anwandten, damit konnte er wenig anfangen. Er bedauerte es nie, nicht regelmäßig in Sternehäusern zu verkehren. Die virtuelle Welt genügte ihm. Wenn ich ihm erzählte, dass ich irgendwo in Deutschland ein feines Restaurant aufgesucht hätte, schlug Vater im Gault-Millau nach, um zu prüfen, ob ich wirklich in einem feinen Restaurant gewesen sei. Stundenlang blättere er in den Führern, stellte Vergleiche an, studierte ältere Jahrgänge, um Veränderungen aufzuspüren, und las die spitzen Kommentare aus dem Gault-Millau vor. Dass Heilbronn kaum je mit einem Michelin-Stern oder Hauben aufwartete, wunderte ihn nicht und schmerzte ihn gleichzeitig. Im realen Leben reichten uns die gutbürgerlichen Gaststätten, der Wartberg, das Haus des Handwerks.

Romane las Vater nicht. Sich auf etwas einzulassen, was sich irgendeiner bloß ausgedacht hatte, gab ihm nichts. Er liebte es, Anekdoten zu erzählen, Familienschwänke, die sich ausmalen ließen, und er war ein geübter Witzeerzähler. Seine Begabung, Tischrunden zu unterhalten, machte ihn beliebt. Wahrscheinlich hatte er früher auf Festen und Betriebsfeiern nicht nur gesungen, sondern auch Witze zum Besten gegeben. Damit kam man gut an. Wie er die Lippen schürzte, sich über die Tischplatte beugte und seine Augen zu lachen begannen, kaum dass er zu einem Witz angesetzt hatte.

Manche von ihnen habe ich ungezählte Male gehört, im Kreis von Verwandten, und manche Witze habe ich behalten, obwohl ich mir so gut wie keine Witze merken kann. Glücklich war er, wenn ich seine Witze nacherzählte, mich auf ihn berief. Den vom Bauern etwa, der seine Sau verliert, sie verzweifelt in der ganzen Gegend zu suchen beginnt, in einen benachbarten Ort kommt und wegen der einbrechenden Dunkelheit in einem Gasthof übernachten will. Da alle Zimmer belegt sind, schlägt der Wirt ihm, dem schweinelosen Bauern, vor, zur Not im Zimmer eines Brautpaars unterzuschlüpfen – worauf sich dieser sofort einlässt. Der Bauer, fuhr Vater genüsslich fort, verkriecht sich unter dem Bett des Paares und verhält sich ganz leise, als die Verliebten ins Zimmer kommen. Sie setzen sich aufs Bett, und als der Bräutigam seine Liebe mit den Worten »Schatz, in deinen Augen seh' ich die ganze Welt« unterstreicht, schnellt der geplagte Bauer aus seinem Versteck hervor und ruft aus: »Ja, und siehst au' mei' Sau?«

Vater fiel in diesen Momenten stärker in einen bayerischen Tonfall, den er sich sein ganzes Leben lang erhielt, und genoss es, langsam zur Pointe fortzuschreiten. Dass es der Geschichte von der verloren gegangenen Sau ein wenig an Realismus gebrach, störte ihn nicht. Vermutlich lag der Erfolg des Witzes daran, dass er die sich scheinbar aufbauende Erotik gnadenlos zerstörte. Ein Bauer, vom Verlust der Muttersau bedroht, duldet keinen anderen Gedanken in seinem Kopf.

Vater war ein Unterhalter, keiner, der sich partout in den Vordergrund drängte, und doch einer, der wusste, wie er die Aufmerksamkeit am Bier- oder Kaffeetisch auf sich zog. Wenn er selbst einen Witz erzählt bekam, tränten seine Augen beim Zuhören, und ich nutzte als Junge die Gelegenheit, ihm Witze vorzulesen, aus der *Bäckerblume* oder aus *Lukullus*, der Fachzeitschrift des Fleischereihandwerks. Die meist auf der letzten Seite unten rechts abgedruckten Witze waren einfach gestrickt, konnten es mit dem Bauern und seiner entschwundenen Sau nicht aufnehmen. Vater lachte trotzdem, denn er lachte gern. Über Weiß Ferdl zum Beispiel, den Volkssänger aus Altötting, dessen Trambahnstück *Ein Wagen von der Linie 8* Vater nicht oft genug hören konnte. Die betagte Frau, die zum »Max-Weber-Platz« möchte und, als sie die Umsteigehaltestelle »Stachus« verpasst, ihr Entsetzen mit dem Ausruf »O Gott, mich trifft der Schlag!« quittiert, was den Trambahnfahrer den knappen Kommentar abnötigt: »Ja, dann bleiben S' halt sitzen bis zum Nordfriedhof.«

Oder Adolf Gondrells Aufnahme von Ludwig Thomas *Der Münchner im Himmel*, wo der jäh verstorbene Dienstmann Alois Hingerl voller Erwartung bei Petrus ankommt. Das ewige Frohlocken und Hosianna-Singen freilich, das dem Engel Aloisius abverlangt wird, befriedigt diesen gar nicht, und als es statt Bier nur Manna zur Stärkung gibt, kommt es zu empörten Protesten und wutschnaubenden Hosianna-Rufen.

Oder die beleibte Bally Prell, deren *D'Schönheitskönigin von Schneizlreuth* eine Paraderolle für Vaters Schwester Marerl war. Bei Schwandorfer Abenden gab sie das Lied zum Besten, gleich nach den *Capri-Fischern*. Weiß Ferdl, Adolf Gondrell, Bally Prell und auch die Münchner Lach- und Schießgesellschaft, wenngleich Vater politisch mit ihnen nicht auf einer Wellenlänge lag, das war sein Humor, und bei keiner anderen Gelegenheit sah ich

ihn so herzhaft, so ausgelassen lachen. Sein Gesicht röte-
te sich, Lachfalten breiteten sich darauf aus, und manchmal schien es mir, als ob Tränen aus seinen Augenwin-
keln träten – gleichgültig, wie oft er seine Lieblingsstücke
schon gehört haben mochte. Mit Humoristen wie Wer-
ner Finck, die sprachlich verschlungen ihre Spitzen an-
brachten, konnte Vater nichts anfangen. Dass der so häufig im Fernsehen auftrat, wunderte ihn.

Im Fernsehprogramm stand Komisches ebenfalls
hoch im Kurs. Aus Heimatverbundenheit rangierten
oben auf der Hitliste der *Komödienstadel,* die Vorabend-
serien *Die seltsamen Methoden des Franz Josef Wanninger*
mit Beppo Brem und das *Königlich Bayerische Amtsgericht*
mit Hans Baur als schlauem Amtsgerichtsrat und Georg
Blädel als dämlichem Wachtmeister. Vor allem das
Amtsgericht mit seinen ewig gleichbleibenden Charakte-
ren, das laut Vorspann in der »guten alten Zeit« vor 1914
spielte, vergnügte Vater aufs Höchste. War die kleine bayerische Dorfwelt mit ihren überschaubaren Konflikten und
mit ihren skurrilen Figuren ein humoriger Ausgleich oder
mehr für ihn, ein überschaubarer Sehnsuchtsort gar? Wenn
heute spätabends das Bayerische Fernsehen eine *Wanninger*-Folge wiederholt, schalte ich gewohnheitsmäßig
ein, sehe quasi noch einmal mit Vater zusammen fern. Die
Schlichtheit der Geschichten ist erstaunlich. Bemerkten
wir das damals nicht? Ist es beruhigend zu wissen, dass
die nächste Generation das schlicht finden wird, was wir
heute aufregend finden?

Es sind die gemeinsamen Fernsehabende, Anfang der 1970er-Jahre, die mir deshalb so gut in Erinnerung sind, weil sie die letzten gemeinsamen Fernsehabende waren. Ein paar Jahre später saßen Mutter und Vater allein vor dem Apparat und beklagten den Niedergang. Als die große Zeit der großen Schauspieler, die Volksschauspieler hießen, langsam zu Ende ging, als Michl Lang, Maxl Graf und Erni Singerl den *Komödienstadel* nicht mehr beherrschten, klagte Vater über diesen Verlust. Im Film, im Schlager, im Fernsehen, im Fußball, ja sogar in der Politik, wo Franz Josef Strauß' Stern nicht ewig strahlte, war das Nachkommende selten so gut wie das Vorherdagewesene. Peter Steiners plumpes, zotiges Volkstheater lehnte er strikt ab. Allenfalls machte er, Mutter zuliebe, die aus dem Ruhrgebiet stammte, regionale Zugeständnisse. Willy Millowitsch und Heidi Kabel bekamen eine Chance, anfangs auch die Mainzer Karnevalssitzungen mit Sitzungspräsident Braun, den Gonsbachlerchen und Margit Sponheimer, wenngleich er sich von denen irgendwann verabschiedete und sich lieber dem fränkischen TV-Fasching zuwandte. Und Vater hatte etwas übrig für den altschwäbischen Humor, den Willy Reichert und Oscar Heiler als *Häberle und Pfleiderer* in Szene setzten.

Er selbst besaß eine Schlagfertigkeit, die sich in kurzen, trockenen Randbemerkungen äußerte. Er wollte sich im Fernsehen nichts ansehen, was die Welt komplizierter machte. Er wollte nicht wie ich als Siebzehn-,

Achtzehnjähriger Filme von Truffaut oder Chabrol sehen, keine »Problemfilme«, wie die bei uns zu Hause hießen. Hätte ich gern mit Vater über Filme gesprochen, in denen es vor familiären Katastrophen, vor Seitensprüngen, Eifersuchtsattacken, Grausamkeiten oder Unglücksfällen wimmelte? Ich weiß es nicht, kann es mir nicht vorstellen. Wir haben, will es mir heute scheinen, nie Anläufe genommen, nie versucht, über das zu reden, was das Leben uneindeutig macht.

Träumte er gelegentlich von einem anderen Leben? Oder reichte es ihm, in die »gute alte Zeit« abzutauchen, wo sich die Konflikte schnell lösen ließen, sich in Situationskomik verloren? Vater wurde nach dieser vermeintlich gemütlichen Zeit geboren, wuchs unter Adolf Hitler auf, erlebte das Kriegsende als Soldat, schlug sich von Dänemark nach Hause durch, in die Oberpfalz. War damit sein Problem- und Konfliktpotenzial gedeckt? Hat er deshalb früh als Sechsundzwanzigjähriger geheiratet, eine Familie gegründet? Genügten ihm die Anstrengungen, diese Familie mit drei Kindern zusammenzuhalten, ihren Wohlstand zu steigern? Deshalb wohl haben wir nie über Truffaut- und Chabrol-Filme diskutiert. Mit Vaters Realität hatten diese nichts zu tun, sollten sie nichts zu tun haben. Hatte er Angst, dass sich sein Leben dadurch unübersichtlicher, gefährdeter gestaltet hätte?

Infiziert von Literatur und Kunst, wollte ich mich mit dem Realismus des Alltags nicht begnügen und begriff schnell, dass das mit Vaters Welt nicht vereinbar war. Manchmal glaube ich, dass ich das zu schnell verinnerlicht hatte, mich zu schnell verkroch und Vater mit dem *Komödienstadel* zurückließ. Hätte ich gern mit Vater darüber geredet? Oder will ich mir das heute einreden? Weil es schöner, moralisch korrekter klingt, wenn Väter und Söhne miteinander reden?

Vaters Freude an Witzen wollte ich unterstützen, durch Witzsammlungen, die ich am Kiosk kaufte. Hefte, auf schlechtem, gelblichem Papier gedruckt, Hefte mit allem Aufgewärmten aus der deutschen Humorküche. Einfältige Scherze, die nicht vergleichbar waren mit den von Vater erzählten Witzen. Mutter beäugte diese Hefte misstrauisch, wohl aus der Angst heraus, dass sie Schmutziges, Frivoles und Anstößiges enthalten könnten, Herrenwitze womöglich. So landeten die Sammlungen irgendwann in der Lesekrippe, einer hölzernen Ablage für Zeitungen und Bücher, die ihren unverrückbaren Platz neben Mutters Sessel hatte und hat.

Lesekrippe – was für ein sinnliches, aus der Mode gekommenes Wort. Wann war es modern? Futterkrippe, Lesekrippe … ein Holzgestell mit einer schrägen Auflage, einer Mulde gewissermaßen, in die die Zeitschriften sanft hineinrutschten und wo sie, wenn man sie vergaß, monatelang vor sich hin dämmerten. An den Seiten zwei kreisrunde Löcher, die die Lesekrippe luftiger machten. Woher stammte sie? Aus keinem der Einrichtungshäuser, kein Kauf bei Möbel Kost, der später pleiteging, oder bei Möbel Bierstorfer. Kleinere Stücke ließ Vater manchmal in der Baufirma anfertigen, zu der eine Zimmerei gehörte. So auch die Lesekrippe nach einem Muster, das man vielleicht in einem Prospekt von Kost oder Bierstorfer entdeckt hatte.

Wie einen Hocker, eine Art Schemel, den ich als Kindergarten- oder Volksschulkind geschenkt bekam. Ein praktisches Teil mit rechteckiger Ablagefläche, in die ein Loch als Handgriff gesägt war. Auf dem, sagt meine Mutter, sei ich in der Küche gestanden, um den Inhalt der Kochtöpfe besser im Blick zu haben und umzurühren. Irgendwann strich ich den Hocker schwarz an, er hat mich in alle Wohnungen quer durch Deutschland begleitet, steht heute, über fünfzig Jahre später, neben meinem Schreibtisch, wo Abend für Abend meine Aktentasche auf ihm landet. Alterserscheinungen sind dem stabilen Hocker kaum anzumerken oder anzusehen, helle Striemen da und dort, abgesplittertes Holz an den Kanten. Solide Handwerkerarbeit eben, würde Vater dazu sagen, nichts schnell Zusammengeleimtes. Koch-&-Mayer-Qualitätsarbeit.

Als Vater aus der Firma ausschied, feierte man deren hundertjähriges Bestehen. Zwei Jahre vor Vaters Tod schrieb die Zeitung, das renommierte Bauunternehmen, das einst siebenhundert Mitarbeiter hatte, sei nur mehr ein »Schatten seiner selbst« und stehe vor dem Aus. Als »Mitgestalter des Heilbronner Stadtbilds« gelte die Firma, zu den Zeiten, als Vater die Einkaufsabteilung leitete. Wenn wir in der Schule Vaters Beruf nennen mussten, sagte ich »Einkaufsleiter«, nicht »kaufmännischer Angestellter«. Wenn Vater Artikel über den Niedergang des Unternehmens las, für das er fünfunddreißig Jahre lang gearbeitet hatte, schüttelte er den Kopf, legte die Zeitung beiseite. Wie konnte so etwas geschehen? Eine angesehene Firma am Boden zerstört, von den Konkurrenten überflügelt. Sätze wie »Das hat Koch & Mayer gebaut« oder »Den Auftrag haben wir damals bekommen« sagte er, wenn von einem Firmen- oder Bankgebäude die Rede war. Ein paar Jahre lang arbeitete auch mein Bruder als Bauingenieur für Koch & Mayer, eine Kleindynastie gewissermaßen, die nicht lange hielt.

Mit dem »Alten«, dem Chef der Firma, war nicht gut Kirschen essen. Ehrfurchtsvoll wurde von ihm berichtet, ein stattliches Haus in der Pfühlstraße gehörte ihm und schnelle Autos. Alle Jahre durfte Vater den »Alten« nach München zur Bauma, einer großen Baumaschinenmesse, begleiten. Eine Geschäftsreise mit Übernachtung und bierseliger Einkehr in einem Bräuhaus, das war eine Auszeichnung, eine Gunst, die nicht viele Angestellte der Firma erhielten. Mit über zweihundert Sachen, erzählte Vater voller Anerkennung in der Stimme, sei der Alte mit seinem Mercedes Richtung München gebrettert, immer auf der linken Spur. Ich hörte begeistert zu, Mutter skeptisch. Froh sei sie, dass Vater heil von der Bauma zurückgekehrt sei. Wie viele Halbe sie denn abends getrunken hätten? Was der Alte sagte, war Gesetz bei Koch & Mayer. Dass Vater mit ihm gutstand, war wichtig. Das sei nicht selbstverständlich, sagte Vater, die Zornausbrüche des Alten seien berüchtigt.

Achtete ich auf die Berufe anderer Väter? War ich stolz auf Vater? Manchmal vielleicht, vor allem, wenn er Kontakte herstellte zu Unternehmen, mit denen er zusammenarbeitete, die sich ihn als Einkaufsleiter warmhalten wollten. Als Schülerzeitungsredakteur durfte ich bei diesen Männern vorstellig werden und um eine Anzeige bitten, für hundert Mark die Seite. Das klappte fast immer, die Männer, die auf gute Beziehungen zu Vater und zu Koch & Mayer angewiesen waren, empfingen mich in ihren Büros und unterschrieben lächelnd den Anzeigenauftrag, den ich ihnen über den Tisch reichte. Vater hätte es missfallen, wenn sie sich geweigert hätten. Mein Ansehen in der Redaktion stieg; ich galt als erfolgreicher Anzeigenakquisiteur. Eine Hand wusch die andere. Vitamin B. Annoncen von Bauzulieferern fanden sich in keiner anderen Schülerzeitung.

In der Lesekrippe lag sie, Tag für Tag, Vaters Stammlektüre, die *Heilbronner Stimme*, daneben standen aufrecht die ausrangierten, als unwürdig empfundenen Witzbücher, die oft für Monate auf diesem Abstellplatz verblieben, Seite an Seite mit *Reader's-Digest*-Heften, die wir eine Zeit lang abonniert hatten. Dazu Versandkataloge und Fernsehzeitschriften, deren Kauf meine Mutter ablehnte. Die wöchentliche kostenlose Beilage der Tageszeitung reiche ihr. Wenn ich allerdings ab und zu die *Hörzu* mitbrachte, nahm Mutter sie umgehend in Beschlag. Wir brauchen die nicht, haben sie aber gern.

Vater war Zeitungsleser. Und *Kicker*-Leser. Mit konzentriertem Blick studierte er jede Seite der *Heilbronner Stimme* ganz genau. Keinen Teil ließ er aus, Sport und Lokales studierte er mit besonderer Aufmerksamkeit. Welche Gastwirtschaften eröffneten neu, welche Pächterwechsel gab es, warum taten sich der Wartberg und das Jägerhaus, Heilbronns Vorzeigeausflugsziele, so schwer, was sollte in der Stadt neu gebaut werden, wer war gestorben, wer kandidierte als nächster Oberbürgermeister, wer für den Stadtrat, manche von denen kannte er über geschäftliche Kontakte, manche wählte er genau deshalb, manche genau deshalb nicht. Der Sohn unseres Kinderarztes Stechele bekam Vaters Stimme, ein CDU-Mann.

Anfangs folgte ich Vaters politischen Ansichten und agierte im Alter von acht Jahren als Wahlkämpfer. Für den Oberbürgermeisterkandidaten der Freien Wähler Dr. Nägele, der gegen den SPDler Hans Hoffmann antrat. *Wählt Doktor Nägele* schrieb ich mit farbiger Kreide auf die Bürgersteige in der Kerner- und Eberstädter Straße. Den Neckarsulmer Hoffmann wollte Vater nicht wählen, dann lieber Nägele, den Ersten Bürgermeister Heilbronns. Genützt hat mein Straßenwahlkampf nichts; der SPD-Mann wurde gewählt.

Als Vaters Sehkraft nachließ, behalf er sich zuerst mit einer Lupe, um seine Zeitung zu lesen. Eine mühsame

Angelegenheit. Bis das keinen Zweck mehr hatte und er das Hilfsmittel ärgerlich zur Seite legte. Mutter begann ihm Artikel vorzulesen, sie wusste, was ihn interessierte. Auf andere angewiesen zu sein behagte ihm nicht, ließ ihn ungeduldig werden.

Vater las, wie gesagt, keine Romane. Doch er wartete ungeduldig auf jedes neue *Asterix*-Heft. Sobald eines angekündigt war, gehörten wir zu den ersten Käufern und Vater zu den ersten Lesern. Die Qualität der Zeichnungen und der hintergründige Wortwitz der gallischen Abenteuer begeisterten ihn. Die frischen Fische, die schlecht rochen, der geknebelte Troubadix, Obelix' Heißhunger auf Wildschweine – das mochte er, das waren keine Nullachtfünfzehn-Comics, und dass nicht nur seine Kinder, sondern auch seine Enkel Asterix lasen, gefiel ihm umso mehr. Ich wiederum freute mich auf den Moment, ihm das nach der Schule gekaufte neue *Asterix*-Heft zu überreichen. Er steckte mir einen Zehnmarkschein zu, eine so wichtige Anschaffung war Sache des Hausvorstands, dafür musste mein Taschengeld nicht angegriffen werden. Der Platz der ausgelesenen Hefte war die Lesekrippe. Als René Goscinny starb, legte Vater *Asterix* beiseite. Zeichner Uderzo hatte sich selbst als Texter versucht, was ein Schlag ins Wasser war.

Ich schreibe diese Erinnerung auf, kurz nachdem ich in Paris eine René-Goscinny-Ausstellung im Musée d'art et d'histoire du Judaïsme gesehen habe. Einundfünfzigjährig ereilte Goscinny der Tod, ein Herzinfarkt, als er

1977 beim Arzt einen Belastungstest machte. Goscinny ist im gleichen Jahr wie mein Vater geboren. Was, wenn Vater 1977 gestorben, plötzlich aus dem Leben gerissen worden wäre, ohne Ankündigung, ohne vorausgegangene Erkrankung? Mein Abitur habe ich in diesem Jahr gemacht, Vater war stolz darauf, und als meine Schwester es mir ein paar Jahre später nachmachte und zu studieren begann, erwähnte er nicht nur beiläufig, dass sie drei Kindern ein Studium ermöglicht hätten. Er schmückte sich vor Bekannten mit uns, er empfand den Bildungsaufstieg seiner Kinder als eigene Leistung. Habe ich diese genügend gewürdigt? Besteht zwischen Kindern und Eltern eine Dankbarkeitsnotwendigkeit? Seit einiger Zeit liegt Barbara Bleischs Buch *Warum wir unseren Eltern nichts schulden* auf einem meiner Bücherstapel; ich schiebe die Lektüre von Woche zu Woche auf.

Als René Goscinny starb, war seine Tochter drei. Wie gut, dass Vater ein recht alter Vater wurde, dass er seine Kinder Familien gründen sah und dass er erleben durfte, was ihm wichtig war. Dass alle seine Kinder Scheidungen durchmachten, eine zweite Ehe eingingen, nagte an ihm. Er verstand nicht, warum man nicht an einer einmal eingegangenen Ehe festhielt, eine Partnerschaft, eine Familie womöglich aufgab. Vielleicht war es ihm unangenehm, diese Trennungen gegenüber Bekannten einzuräumen, ein Scheitern seiner Kinder gewissermaßen anzuerkennen. Scheidungen galten nicht mehr als Seltenheit, die Zeitungen waren voll davon, und doch fiel es

Vater schwer, das in seiner eigenen Familie zu akzeptieren.

Er litt darunter, mischte sich ein, was er so selten tat. Als ich mich Anfang der 1990er-Jahre von meiner Frau trennen und unsere damals fünfjährige Tochter zurücklassen wollte, machte er sich mit dem Auto auf, um mich in Tübingen an meinem Arbeitsplatz zur Rede zu stellen, mich von diesem Gedanken abzubringen. Ein Akt, der ihm alles abverlangt haben musste, eine Verzweiflungstat, wie sie in unserer Familie nicht vorkam. Ich wies ihn an der Eingangstür zurück, gab vor, eine wichtige Sitzung zu haben, verweigerte ein Gespräch und ließ ihn unverrichteter Dinge zurückfahren. Er wollte nicht, dass ich Frau und Kind verließe, er wollte es auf keinen Fall. Es war ein schrecklicher Augenblick für ihn, ein Augenblick der Sprachlosigkeit, schrecklich für ihn und schrecklich für mich, als ich in mein Büro zurückschlich, den fragenden Blicken des Mädchens am Empfang auswich und Vater davonfahren sah. Zu ungeübt waren wir im Sprechen über Persönliches, über Intimes, als dass wir das plötzlich hätten ändern können. Nein, Vater sollte mir nicht dreinreden. Wir haben über diese Begegnung, diese Abweisung nie gesprochen, so getan, als hätte es Vaters Tübinger Kurzauftritt nie gegeben. Feige, ja, gewiss. Das Bild seines unangekündigten Besuches bleibt mir. Es ist kein schönes.

Hatten meine Eltern je daran gedacht, sich zu trennen? Hatte es Krisen gegeben, Fehltritte? Wenn ja, habe ich sie nicht mitbekommen, hätte der Harmonie wegen davon auch nichts wissen wollen. Wenn ja, wurden sie nicht vor den Kindern erörtert. Streit gab es, und die mitunter aufbrausende Art meines Vaters verlangte meiner Mutter alle Geduld ab. Mir kommt es so vor, als sei die Übergangsphase, als Vaters Kräfte schwanden, als er merkte, wie er seine Dominanz verlor und auf Hilfe angewiesen war, für meine Mutter am strapaziösesten gewesen. Sie kam immer seltener aus dem Haus, steckte manches weg und merkte gelegentlich an, dass man in einer Ehe manches wegzustecken habe. Wenn man beisammenbleiben wollte, in guten wie in schlechten Zeiten. Und daran hielten meine Eltern fest, wie es in ihrer Generation üblich war. Kinder, deren Eltern getrennt leben, gab es in meiner Schulklasse so gut wie keine. Einer lebte allein mit seiner Mutter am Kaiser-Wilhelm-Platz. War sein Vater gestorben? Wie Onkel Alfons, Vaters jüngerer Bruder, der Fonsl, der plötzlich starb, mit fünfzig Jahren. In seinem Auto am Rande eines Volksfestes hatte man ihn gefunden, ein rätselhaftes Ereignis, wohl ein natürlicher Tod. Ein Ausdruck, der mir merkwürdig vorkam. Wann ist ein Tod natürlich, wann unnatürlich? Aus dem Leben gerissen worden sei der Fonsl, Vaters lebenslustiger Bruder, in seinen besten Jahren, Zeitungsformulierungen, die nichts besser machten.

Der Fonsl, das Zeichentalent, mit seiner liebenswürdig chaotischen Frau Resl, die wie ein Wasserfall redete, und mit den beiden Kindern, Annette und Bert. Was trieb Vater um, als er die Nachricht erhielt, dass sein jüngerer Bruder nicht mehr lebte? Wir fuhren zur Beerdigung nach Schwandorf, eine weinende, verzweifelte Witwe, die nicht zu trösten war, die laut aufheulte, als wir kamen. Was soll aus mir werden, was soll aus uns werden? Mein Fonsl, mein Fonsl … Und was mit meinem Cousin, meiner Cousine reden, die gerade ihren Vater verloren hatten?

Vater, sein älterer Bruder Sepp und die nachgeborene Schwester Maria kümmerten sich um ihre Mutter, die Schwandorfer Oma, die plötzlich um ihren Jüngsten trauern musste. Ich klammerte mich während der Beerdigung an Mutter und Vater, betete, dankte für unsere intakte, vollständige Familie. Ein liebenswürdiger, gern lachender Onkel, der Fonsl, lockerer als Vater, vermutlich weil er der kleine Bruder war. Sein Tod war der erste Tod, der mich direkt betraf. Als Mutters Mutter, die Mülheimer Oma, starb, war ich zu jung, um zu begreifen, was geschah, als sie morgens um fünf im Heilbronner Krankenhaus starb. Mutter sagte später, dass sie genau um fünf Uhr hochgeschreckt sei in ihrem Bett.

Ich spürte, wie Fonsls Tod Vater aufwühlte, wie er sich zu weigern schien, den Tod seines jüngeren Bruders zu akzeptieren. Ich starre auf die Lesekrippe und bin in Gedanken auf einem Friedhof in der Oberpfalz.

DER ASCHENBECHER

Zwischen Lesekrippe und Lampentischchen war sein Platz. Den er räumen musste, als er nicht mehr gebraucht wurde, weil man ihn verbannte, weil man sich seiner schämte. Dabei war sein Kauf eine genau überlegte Entscheidung gewesen, um zu demonstrieren, dass die aufkommenden eleganten Wohnaccessoires – ein Wort, das Vater nie benutzt hätte – nicht nur eine Sache für Fernsehfamilien waren. Es genügte nicht mehr, irgendeinen Aschenbecher auf den Tisch zu stellen, ein ovales oder rechteckiges Teil mit Einkerbungen für die Zigarettenablage und einem Firmenaufdruck in der Mitte, Hammer Jubelbrand zum Beispiel.

Manche Dinge kamen aus der Mode, manche kehrten wieder zurück. Der Gummibaum nicht. Wie er sich, Fotos belegen es, in unserer alten Wohnung ausbreitete, ein kaltes, dunkelgrünes Ungetüm, das nicht wie eine richtige Pflanze aussah, eher wie ein Möbel. Wurde er beim Umzug ausrangiert, schnöde zurückgelassen? Hatte Mutter genug davon, seine harten Blätter abzustauben? So kamen neue Gewächse aufs Fenstersims, leicht pflegbare, da sie, kein idealer Ort, über dem Heizkörper standen – und neue Aschenbecher. Ein Drehaschenbecher mit Fuß, sicher einen halben Meter hoch, damit sich der Mechanismus bequem vom Sessel aus betätigen ließ. Man achte auf eine silberne Scheibe, drückte auf den roten Knopf eines Metallstabs, der die Scheibe nach unten rotieren ließ. So verschwanden die Kippen im bauchigen Körper des Aschers. Das machte optisch einen feinen Eindruck und minderte, redete man sich ein, den Zigarettengeruch im Wohnzimmer. Ein elegantes, kreisendes Geräusch, das Dinge wie mit einem – leicht zu durchschauenden – Zaubertrick verschwinden ließ. Kaugummis und Karamellbonbons auch, für die der edle Drehaschenbecher, der zugleich ein Standaschenbecher, also ein Drehstand- oder Standdrehaschenbecher war, jedoch nicht vorgesehen war. Kein Spielzeug sei das.

Aschenbecher, egal, ob simpler oder nobler Art, gehörten zu unserem Haushalt. Vater rauchte, Mutter auch, weniger, bilde ich mir ein. Ohne Glimmstengel schien das Wirtschaftswunder nicht voranzukommen. An gesundheitliche Schädigungen dachte keiner. In *Kommissar*- oder *Der Alte*-Folgen sind Szenen ohne rauchende Menschen kaum denkbar, in Büros, in Restaurants, zu Hause. Rauchen symbolisierte ein Lebensgefühl. Im Schlager *Ein Schiff wird kommen* ist zu hören, wie die Sängerin Melina Mercouri Zigarettenrauch aushaucht, und der französische Chansonnier und Schauspieler Jean-Claude Pascal, ein Jahr jünger als Vater, sang im Fernsehen mit Zigarette.

Vater schwor auf Ernte 23, seine Marke. Anfangs ließ er sich von amerikanischen Namen wie Marlboro nicht beeindrucken, auch Peter Stuyvesant bekam keine Chance. Krone wirkte zu altmodisch. Die Zeichentrickspots mit dem in die Luft gehenden HB-Männchen reichten nicht aus, um ihn von seiner Ernte 23, der markanten rotorangen Schachtel, abzubringen. Roth-Händle oder Reval kamen nicht infrage, waren zu proletarisch. Vater vertraute bodenständigen Marken und hielt lange an diesen Entscheidungen fest. Marken verkörperten Werte, ausländischen Produkten misstraute er erst einmal.

Meine erste Zigarette war eine Ernte 23, vermute ich. Entwendet aus Vaters Schachtel, geraucht am geöffneten Küchenfenster, damit Mutter bei der Rückkehr vom Einkaufen nichts merkte. Als ich selber anfing, mir eine erste Schachtel kaufte, kam Ernte 23 selbstverständlich nicht in Betracht. Eine viel zu stumpfsinnige Sorte, eine Vaterzigarette. Gitanes Filter war meine erste Marke. Marken verkörperten ja Werte. An ausländischen Produkten fand ich erst einmal Gefallen.

Später gaben meine Eltern das Rauchen auf; die Gesundheitskampagnen erzielten Wirkung. Der nicht rauchende Vater legte an Gewicht zu. *Der Kurt ist aber korpulent geworden*, rief seine bayerische Schwägerin aus. Hatten meine Eltern Rückfälle, oder setzten sie ihren Vorsatz eisern um? Auf jeden Fall wurden sie zu vehementen Nichtrauchern, gaben an, den geringsten Zigarettendunst in der Wohnung nicht ertragen zu können, und schickten ihre rauchenden Kinder, wenn es schon sein musste, auf die Terrasse, dabei alle Fenster und Türen fest verschließend. *Wie die wieder plotzen!*, hieß es, wenn man in die Nähe von starken Rauchern gelangte.

Die schärfsten Kritiker der Elche waren früher selber welche, hielt ich ihnen entgegen. Renegatentum. Vaters Befürchtung, Rauch könne in die Wohnung, gar ins Schlafzimmer dringen, höre ich, wenn ich heute auf die Terrasse trete und ein Zigarillo rauche. Mutter ist in Vaters Fußstapfen getreten und verteidigt die rauchfreien Zonen energisch. Damit die Kippen nicht in den Sträuchern landen, reicht sie mir einen Aschenbecher, ein winziges Porzellanschälchen mit Blumenmotiv. Welch ein Abstieg im Vergleich zum edlen Drehstandaschenbecher.

Der hatte, als wir eine Raucherfamilie waren, seine wichtigsten Einsätze, wenn Besuch kam. Wenn Kollegen oder Geschäftsfreunde abends eingeladen wurden, auf ein Glas Wein, auf einen Imbiss. Meistens richtete Mutter eine kalte Platte her, mit Schinken, Tomaten, die mit Fleischsalat gefüllt waren, Gürkchen, Silberzwiebeln, Salzstangen, Erdnussflips. Allzu oft passierte das nicht. Doch wenn die Jablonskis kamen, ein Arbeitskollege meines Vaters mit sehr breitem Gesicht und seine hochtoupierte Frau, die von den Eltern heimlich die »polnische Gräfin« genannt wurde, durfte ich länger aufbleiben, den Gästen artig einen guten Abend wünschen und hatte dann unauffällig ins Bett zu verschwinden, mit einem Teller voller Leckereien. Jablonskis rauchten auch, und so verrichtete der Aschenbecher Schwerstarbeit. Am nächsten Morgen hing der Rauch noch in den Räumen, obwohl man, als die Jablonskis sich endlich auf den Heimweg gemacht hatten, kräftig durchlüftete. Das Rauchen aufzugeben stand damals nicht zur Debatte. Mutter schimpfte nur auf den Gilb, der sich ins Weiß der Gardinen fraß und sie dazu zwang, diese alle paar Wochen zu waschen, ein mühsamer Vorgang, bis sie wieder aufgehängt waren.

Viele Gäste empfingen meine Eltern nicht, opulente Essenseinladungen sprachen sie nicht aus, Verwandte auf Besuch bewirtete man großzügig, das waren ja Verwandte. Zum Kaffee schauten Nachbarn und Freunde hin und wieder vorbei. Unsere Verwandten lebten nicht in der Nähe, sondern in Schwandorf, München oder Mülheim. Mutters Schwester und ihre Kinder waren in die USA ausgewandert, nach Colorado. So blieb ein kleiner Kreis; die Moritzens konzentrierten sich auf sich selbst. Vater schien seinen Gesprächsbedarf am Arbeitsplatz zu decken.

Mit Verblüffung sah ich manchmal auf Gleichaltrige, in deren Wohnungen es wie im Taubenschlag zuging. Hätte Mutter gern mehr Gäste empfangen, wäre sie gern häufiger ausgegangen? Ab und zu verbrachten sie einen Abend im Theater, im Festsaal »Harmonie«, was oft mit Enttäuschungen endete. Beim Konzert mit Freddy

Quinn hämmerten die Lautsprecher so, dass sich die Eltern nach der Pause davonmachten. Je älter sie wurden, desto öfter fiel der Satz: »Das sieht man doch im Fernsehen genauso gut.« Und je älter sie wurden, desto einsamer wurde es um sie. Verwandte und Bekannte starben, und neue Leute lernten sie nicht mehr kennen. Selbst wenn Vater noch geraucht hätte, wäre ein Drehaschenbecher ein übertrieben wirkendes Relikt gewesen.

Einen besten Freund hatte mein Vater nicht, niemanden, mit dem er auf ganz vertrautem Fuß stand. Vater und Mutter meisterten ihr Leben allein, hielten Distanz. Moderne Angebote wie Gesprächstherapien oder Partnerberatungen waren ihnen völlig fremd. Warum sollte sich Vater wildfremden Leuten gegenüber öffnen? Wildfremd, das waren die meisten Leute. Mit sich selbst die Dinge ausmachen, das habe ich von Vater geerbt. Ob ich damit glücklich bin? Manchmal ja.

Als er Rentner wurde, ging er gelegentlich zu Stammtischen, auf zwei, drei Bier in einem Innenstadtgasthof, der Haller Löwenbräu ausschenkte. Ein Kneipengänger war Vater nie, und so wurden diese Ausflüge seltener und seltener. Am freitäglichen Kegeln hielt er lange Zeit fest. Alle zwei Wochen – die Frauen und die Männer wechselten sich ab – ging es mit Arbeitskollegen in die Vereinsgaststätte der Turngemeinde Heilbronn, zweieinhalb Stunden Kegeln. Vater war ein guter, ehrgeiziger Kegler, der über einen kräftigen Bums verfügte. Er griff nach der schweren Kugel und schickte sie schwungvoll auf die Bahn. In die Vollen, Abräumen, Fuchs, Hase, Sarg, Kleine und Große Hausnummer – so hießen die Kegelspiele, deren Ergebnisse man sorgsam auf einer Tafel notierte. Die Schlechtplatzierten hatten in die Gemeinschaftskasse einzuzahlen, und am Ende des Jahres unternahmen beide Kegelgruppen einen Gemeinschaftsausflug. In die Fränkische Schweiz zum Beispiel, wo es – davon schwärmten Vater und Mutter – Schäufele mit Kloß gegeben habe, so gut, wie man es nie zuvor und nie danach gegessen habe.

Vater wollte gewinnen, wenn er kegelte. Er ärgerte sich, wenn er beim Abräumen Kegel verfehlte oder wenn einer der anderen mit einem missglückt scheinenden Wurf unverdientermaßen das Glück auf seine Seite zog. Zwei Halbe und Obstler gehörten zum Kegeln dazu, sodass die Lautstärke allmählich zunahm und Alle-Neune-Würfe kräftig bejubelt wurden. Zu Hause berichtete Vater ausführlich von den Kegelergebnissen, beschönigte nichts.

Als ich in Tübingen zu studieren begann und nach dem letzten Seminar am Freitagvormittag nach Heilbronn fuhr, richtete ich es, wenn Männerwoche war, so ein, dass ich rechtzeitig zum Kegeln da war. Vater nahm mich mit, sobald der eine oder andere ausfiel, mich, den studierenden Sohn, viele der Mitkegler kannte ich vom Sehen. Ich fügte mich in die Runde ein, landete im Mittelfeld des Classements, hatte nichts dagegen, wenn es mir gelang, Vater zu überflügeln. Und ja, es war ein

Glück, diese zweieinhalb Stunden mit ihm zu verbringen. Ohne Worte entstand Vertrautheit zwischen uns beim konzentrierten Kegeln. Ich achtete darauf, dass es bei einem Obstler blieb, mochte es nicht, wenn Vater über den Durst trank und seine Augen zu glänzen begannen. *Rainer, du bist dran, zeig's ihnen!* – das hörte ich gern. Ich wohnte nicht mehr zu Hause, führte mein eigenes Leben und gehörte weiter dazu.

Durfte auf der Kegelbahn damals geraucht werden? In meiner Erinnerung ziehen Schwaden über die Biergläser, ja.

DER WEIHNACHTSBAUM

Chefsache war das. Den Baum zu beschaffen – über einen Förster, mit dem Vater geschäftlich zu tun hatte –, ihn am Vorabend des 24. Dezember mühsam in den Christbaumständer zu zwängen und ihn anschließend liebevoll zu schmücken. Die prächtige Nordmanntanne – andere Gattungen kamen nicht in Betracht – hatte ihren unverrückbaren Platz neben der Terrassentür. Der Sekretär, der heute dort steht, muss eine spätere Anschaffung sein – aus der Zeit, als die Kinder aus dem Haus gingen, Weihnachten nicht mehr zu Hause verbrachten und meine Eltern allmählich die Baumgröße reduzierten, bis am Ende ein possierliches Exemplar im Übergang vom Ess- zum Wohnzimmer stand. In seinen letzten Lebensjahren musste Vater zugestehen, dass meine Mutter den Baum besorgte, bei einem Verkaufsstand in der Karlstraße. Dass er dazu nicht mehr in der Lage war, schmerzte. Was seine Frau besorgte, war meist kein Vergleich mit den Bäumen von früher.

Mein Kindertannenbaum war hoch gewachsen, stattlich, nicht windschief, mit ausladenden, nicht zu dichten Zweigen. Den Baum nicht gemeinsam auszusuchen war eine vernünftige Sache, so ließ sich Streit vermeiden. Es gehörte zu den weihnachtlichen Ritualen, Vaters Baum überschwänglich zu loben. *Was haben wir wieder für ein schönes Bäumchen!*, rief Mutter in die Runde, und selbst wenn wir anderer Meinung gewesen wären, hätten wir sie nie geäußert.

Die Zuständigkeiten an Weihnachten waren genau geregelt. Während Mutter für die Geschenke und alles Kulinarische die Verantwortung übernahm, galt Vaters Aufmerksamkeit dem Schmücken. Mattsilberne Kugeln und sorgfältig ausgelegtes Lametta beherrschten das Bild. Ich sah Vater zu, wie er geduldig Lamettafaden um Lamettafaden auf den Ästen platzierte. Nur Hohn und Spott hatte er übrig, wenn er Weihnachtsbäume sah, deren ungeduldige Besitzer das Lametta in Bündeln aufs Grün warfen, ohne jeden Schönheitssinn. Vater nahm sich Zeit, obgleich es am Dreikönigstag, wenn Weihnachten endgültig der Vergangenheit angehörte, eine nicht minder mühselige Arbeit war, die Lamettafäden, die sich auf keinen Fall verheddern durften, einzeln in ihre brüchigen Schächtelchen zurückzulegen. Um das Fest abzuschließen, setzte Mutter am Dreikönigstag Glühwein auf, selbst zubereitet. Das gehörte dazu.

Weihnachten war immer, Weihnachten würde es immer geben. Bis ich anfing zu zählen, insgeheim, wie viele Weihnachten ich mit den Eltern vielleicht noch verbringen würde, fünfzehn, zwanzig Mal. Und bis ich anfing zu zählen, insgeheim, wie viele Weihnachten ich selbst noch erleben würde.

Meine Eltern pflegten Rituale. An Weihnachten in die Ferien zu fahren, in warme Länder womöglich, wäre ihnen nie in den Sinn gekommen. Kinder lieben Abläufe, die unverändert bleiben, und so dachten wir nie daran, am Weihnachtsprozedere zu rütteln. Die am Morgen des Heiligabends verschlossene Wohnzimmertür, der Gang zum Kinderhütenachmittag oder ins Kino, damit zu Hause das Christkind ungestört seinen Erledigungen nachgehen konnte, der Kirchgang danach, entweder in die nüchterne Wichernkirche, mein Konfirmationsort, oder in die sehenswerte Kilianskirche am Marktplatz, die aufgeregte Rückfahrt nach Hause, die Anspannung, bis das Weihnachtsglöckchen ertönte und wir, anständig gekleidet, das Wohnzimmer betraten, das nun festlich erstrahlte.

Alle Blicke galten dem Baum, an dem die Kerzen brannten – elektrische Lichterketten kamen nicht infrage. Mutter legte eine altertümliche Schellackplatte mit Weihnachtsliedern auf, wir nahmen Platz, sangen tapfer und falsch mit, voller Ungeduld. Manchmal spielte meine Schwester Blockflöte, später Klarinette. Bis die Eltern endlich das weiße Baumwolltuch, das über den Couchtisch gebreitet war, wegzogen. Frohe Weihnachten – die Bescherung begann.

Vater fand Gefallen daran, Weihnachten für seine Familie festlich zu gestalten. Besuch hatten wir selten, ein-, zweimal Tante Karin, eine ehemalige Opernsängerin zum Beispiel, nach der sich in der Kirche alle umdrehten, wenn sie »O du fröhliche« schmetterte. Tante Karin, die einen roten Opel Kadett fuhr und mich zu Spritztouren rund ums Weinsberger Kreuz mitnahm, ihren Wagen beschleunigte, bis die Tachonadel an ihr Limit kam. Vater, der ein umsichtiger Fahrer war, erzählten wir nichts von diesen Rennabenteuern. Tante Karin zählte zu den Verwandten, die uns häufig besuchten, anfangs allein, später mit ihrem rundlichen Mann. Wie es dem gelungen war, meine schöne Tante zu erobern, wunderte uns. Immerhin hatte er Geld, das für ein stattliches Haus in Obermenzing reichte und das Vater voll Bewunderung beschrieb. Wenn Tante Karins Mann kam, bestand er darauf, dass meine Mutter Erbsensuppe für ihn kochte, hausgemacht. Womit genau er sein Geld verdiente, blieb unklar, Rüstungsgeschäfte, hieß es. Irgendwann zog er mit Tante Karin und ihrem Sohn nach Kalifornien. Die Ehe zerbrach, der Reichtum verschwand – warum genau, blieb unter dem Familienteppich.

Die Stunden vor der Bescherung standen unter leiser Anspannung. Mein manchmal aufbrausender Vater durfte an diesem Nachmittag nicht aufbrausen. Weihnachten in schlechter Stimmung durfte es nicht geben. Ängstlich achtete ich darauf, dass kein Stein des Anstoßes auf dem Weg lag. In der Kirche saß ich gern neben meinem Vater, lauschte seiner vollen Stimme, während ich nur die Lippen bewegte, um mit meinen furchtbar falschen Tönen nicht aufzufallen.

Vater war kein Kirchgänger. An Weihnachten, ja. Ansonsten besuchte er keine Gottesdienste. Nicht aus Protest gegen die Kirche oder als Demonstration seines Unglaubens. Von der Christmette in seiner oberpfälzischen Heimat erzählte er, vom mitternächtlichen Gang auf den Kreuzberg in Schwandorf. Bitterkalt sei es da gewesen. Er war katholisch, das gehörte zu seiner Kindheit, doch er hatte nichts dagegen, dass seine Kinder evangelisch getauft und konfirmiert wurden. Debatten scheint es darüber keine gegeben zu haben. Von Frömmelei und zur Schau getragener Gottesfurcht hielt er nichts. Wenn sich ab und zu Pfarrer aus der für uns zuständigen Gemeinde zum Besuch ansagten oder zu runden Geburtstagen gratulierten, ertrug er das, nahm es im Alter als erfreuliche Abwechslung im Tagesablauf hin.

Wir sprachen lange Zeit ein Tischgebet, merkwürdigerweise, meine ich mich zu erinnern, nur beim Mittagessen. *Komm, Herr Jesus, sei du unser Gast, und segne, was du uns bescheret hast. Amen*. Und mit Mutter ein Nachtgebet: *Lieber Gott, mach mich fromm, dass ich in den Himmel komm. Amen*. Danach löschte sie das Licht. Freitags gab es Fisch. Oder Bratkartoffeln mit Spinat und Spiegelei. Oder einen Kirschenmichel mit Vanillesoße. Nicht aus Überzeugung, sondern weil man am Freitag kein Fleisch aß. Vater hielt sich daran, stillschweigend, hätte es nie eingefordert.

War Vater ein gläubiger Mann? Nein. Oder besser: ich weiß es nicht. Vielleicht hatte er Vorstellungen von irgendeinem Jenseits, von einer Ruhe nach dem Tod. Gesprochen haben wir darüber nicht. Wie über vieles nicht. Je mehr ich an meinen Vater denke, ihn beim Schreiben zurückzuholen versuche, desto offensichtlicher ist unser Schweigen. Kein trotziges, rebellierendes, kein sich verweigerndes, eher eines, das darauf beruhte, dass sich über manches nichts Verlässliches sagen ließ. Der pragmatische Realitätssinn meiner Eltern blockierte Gespräche über Existenzielles. Und ich habe nie versucht, daran etwas zu ändern. Als im Fernsehen Humperdincks Oper *Hänsel und Gretel* lief, fürchtete ich mich schrecklich vor der bösen Hexe. Wie tröstete mich meine Mutter da? Wie mein Vater, als mir am Nikolausabend die Vorstellung Angst machte, der gestrenge Mann mit dem weißen Bart könnte mich, den Ungehorsamen, in seinem Sack mitnehmen? Wo würde er mich hinbringen? An einen wüsten Ort, in die Hölle, fernab von meinen Eltern? Da wollte ich nicht sein.

Bei der Bescherung freute sich Vater vor allem, wenn wir uns freuten. So bescheiden, wie die Weihnachtsgeschenke für ihn als Kind ausgefallen waren, so sehr gefiel es ihm, dass seine Kinder mit dem bedacht wurden, was sie sich wünschten. Was er von uns bekam, zählte nicht viel. Selbst kuriose Geschenke nahm er mit kräftigem Dank entgegen, die Langspielplatte *Freddy auf Hoher See* zum Beispiel, die ich als Sonderangebot erstanden hatte.

Eine Langspielplatte, das machte als Kindergeschenk etwas her. Oft spielte Vater sie nicht ab. Wie schön diese Zufriedenheit, wenn Mutter und Vater merkten, dass die Kinder zufrieden waren. Und schließlich das Auspacken des Päckchens, das Mutters Schwester Heidi aus Colorado geschickt hatte. Das Anlass gab, sich über amerikanische Geschmacksverirrungen zu wundern. Solche Sachen hätten die Eltern nie gekauft, Dürers betende Hände als goldlackierter Wandschmuck. Die meisten Objekte dieser Art verschwanden rasch in der Versenkung, im Keller. Gefahr, dass Tante Heidi in absehbarer Zeit anreisen würde, um die Platzierung der goldenen Gliedmaßen zu überprüfen, bestand nicht. Manchmal schickte sie interessante Sachen wie das Zeichenspiel »Spirograph« mit kleinen und großen Plastikzahnrädern. Mit meinem brandneuen Vierfarbkugelschreiber ließen sich damit reinste Kunstwerke herstellen.

Einmal war der Weihnachtsfrieden grundlegend gestört. Als mein Bruder und seine Frau auf die Idee kamen, den Eltern einen Hundewelpen zu schenken – ohne dass diese je den Wunsch nach einem Tier geäußert hätten. Nun, da die Kinder aus dem Haus waren, schien ein süßer kleiner Hund für Abwechslung zu sorgen. Wir hatten nie Haustiere, von einer Schildkröte und einem Wellensittich namens Hansi abgesehen. Vater wollte keine Haustiere, auf keinen Fall wollte er sich binden. Professor Grzimek und Lassie reichten ihm. Als das Tier verängstigt aus seinem Körbchen kroch, gelang es Vater nicht, ein winziges Anzeichen von Freude oder Neugier zu zeigen. Meine Mutter schüttelte den Kopf, holte aus der Küche einen Lappen, um die ersten Hinterlassenschaften des Hundes unauffällig zu beseitigen. Vaters Gesicht versteinerte, da gab es kein Nachgeben, keinen Kompromiss für ihn, alles Zureden seiner Kinder, alle Hinweise darauf, wie süß das Tier sei, liefen ins Leere. Ein Hund kam nicht infrage. Ein Weihnachtsabend, der nicht zu retten war, ein schrecklicher Weihnachtsabend. Am nächsten Tag brachte mein Bruder das Tier zurück zu seinem Herkunftsort, einem Bauernhof. Das Thema war fortan tabu, die Hundeepisode gehörte nicht zu den Familienanekdoten, die man sich wieder und wieder erzählte. Vielleicht beschloss mein Bruder genau an diesem Abend, Weihnachten künftig auf irgendeiner Sonneninsel zu verbringen, weitab von zu Hause.

Selbst das Heiligabendessen verlief an diesem Welpenabend ohne Heiterkeit. Und das, obwohl Mutter aufgetischt hatte, was sie Jahr für Jahr auftischte. Nie zeigte unser Weihnachtsspeiseplan Abweichungen. Mitte Dezember fragte Mutter der Form halber in die Runde, ob sie diesmal nicht etwas anderes kochen solle. Es gebe ja so viele Essensbräuche, Kartoffelsalat mit Saitenwürstle, Karpfen, Fondue neuerdings. Mutter wusste, dass wir in gespielter Erregung aufschrien und auf dem Althergebrachten bestanden. Vater auch. Ragoût fin in Blätterteigpastetchen, die bei Bäcker Böhringer vorbestellt werden mussten. Davor eine Rinderkraftbrühe, von der

Mutter jedes Jahr sagte, dass die im Restaurant mindestens als »doppelte« Rinderkraftbrühe angepriesen würde.

Das Ragoût fin stellte Mutter natürlich selbst her, eine Bassermann-Dose hätte niemand, Vater schon gar nicht, akzeptiert. Stundenlang köchelte Mutter Hühnchenfleisch, Kalbsbries und Kalbfleisch, zusammen mit Champignons, erster Wahl. Vater wurde nie müde, die Kochkünste seiner Frau zu loben. Es mit einer Frau ohne diese Fähigkeiten auszuhalten wäre wohl unmöglich für ihn gewesen. So wie Pasteten mit Ragoût fin ohne Zitrone und ohne ein paar Spritzer Worcestersoße undenkbar gewesen wären. Eine rätselhafte dunkelbraune Tinktur, die aus England kam und deren Aussprache meinen Bruder überforderte. Wotschestersoße. Sie gehörte zu diesem Heiligabendgericht. Mehr als einmal wurde sie im Jahr nicht eingesetzt. Am Flaschenhals verkrustete die Flüssigkeit allmählich, zum Glück schien die Haltbarkeit von Worcestersoße unbegrenzt.

Ragoût fin war das glanzvolle Vorspiel, die Gans am ersten Weihnachtsfeiertag die Kür. Von Mutter an Heiligabend vorgebraten, galt es nur noch, ihr die nötige Bräunung zu verleihen. Kross musste die Haut sein, dunkelbraun, fast schwarz. Dass Vater eine der Keulen bekam, verstand sich von selbst. Mutter erläuterte, woher das Tier stammte, aus Polen oder Ungarn. Biogänse aus Deutschland gab es noch nicht. Das Auftragen der Gans, der Salat – für Rotkohl sah man bei uns keine Notwendigkeit –, die Kartoffelknödel, das Hantieren mit der Geflügelschere, das gehörte zur Feier der Weihnachtsgans, die jedes Jahr gebührend zu würdigen war.

Vater freute sich herzhaft daran, betonte, wie dürftig dagegen die Gänseportionen waren, die man in Lokalen serviert bekam. Bei der Herstellung der Klöße hatte er selbst mitgewirkt, einer seiner raren Kücheneinsätze. Halb und halb, so mussten sie sein, und die rohen Kartoffeln wurden mühsam gerieben, die Masse in einen Leinensack gegeben, und dann schlug Vaters Stunde, wenn er die Kartoffelstärke aus der Masse trieb, mit rot anlaufendem Gesicht. Männerarbeit war das, die früher, in Schwandorf, Aufgabe seiner Mutter gewesen war. Als es galt, drei heranwachsende Söhne satt zu kriegen. Fleisch habe es damals selten gegeben, aber Kartoffelknödel in rauen Mengen. Ein Dutzend hätten die drei, der Sepp, der Fonsl und er, mittags mühelos verdrückt, jeder von ihnen. Das seien andere Zeiten gewesen, unvorstellbare, denn mehr als zwei Knödel schaffte Vater später nie mehr. Wie schnell wir alles gegessen hätten, das, wofür sie stundenlang in der Küche gestanden habe – damit hob Mutter die Tafel auf, ohne ihren Tadel zu ernst zu meinen.

Abends zünden wir die Kerzen am Weihnachtsbaum wieder an. Objektiv betrachtet war der unsrige, der seinen Platz an der Terrassentür hatte und den Raum leuchten ließ, der prächtigste von allen möglichen Weihnachtsbäumen.

DIE UHR

Auf dem dunkelbraunen, lackierten Sekretär hatte sie ihren Platz, Vaters Uhr. Er mochte es nicht, sie den ganzen Tag am Handgelenk zu tragen, und legte sie auf dem Sekretär ab. Eine Angewohnheit, die ich von ihm übernommen habe. Vaters Uhr trage ich jetzt manchmal, eine silberne Omega-Seamaster Automatic. Das schwarze Barington-Lederarmband, gekauft vermutlich in einem Heilbronner Fachgeschäft, fasert an den Löchern aus, hat Vaters Schweiß aufgenommen. Eine Markenuhr sei das, betonte er, schlicht ausgestattet, ohne Datums- und Stoppuhrfunktion, das Ω-Zeichen, der Firmenname, die Modellbezeichnung, mehr nicht. Auftrumpfendes, Überladenes war Vater zuwider. Wann hat er sich diese Uhr gekauft? Zu einem Dienstjubiläum schenkte man ihm eine modernere Uhr, wieder eine Omega, mit Metallarmband, was ihm nicht behagte. Getragen hat er sie nie, sie blieb verwahrt in einer Schachtel. War sie ihm zu pompös oder zu unbequem?

Wie oft hat er auf diese Uhr geblickt? Im Büro, um

den Feierabend nicht zu verpassen, zu Hause, wenn meine Schwester länger ausblieb, als er es gestattet hatte? Uhren waren Attribute der Bürgerlichkeit, Konfirmations- und Geburtstagsgeschenke. Dinge fürs Leben, kein Accessoire, das man alle paar Jahre wechselte, um einer Mode zu folgen, Stil zu zeigen. Es gab Gegenstände, Gebrauchsgegenstände und Wertgegenstände. Uhren gehörten in die zweite Kategorie.

Die Jugendjahre schienen unendlich, liefen außerhalb der Zeit. Gewiss, schwach ausgeleuchtete Fotos zeigten, dass die Eltern keine jungen Eltern mehr waren. Mit sechsundzwanzig Jahren war mein Vater zum ersten Mal Vater geworden, schickte er sich an, im Beruf Fuß zu fassen, verließ er seine Heimat – anders als seine Geschwister, die in der Oberpfalz blieben. Hat ihn Ehrgeiz getrieben, die Aussicht auf eine bessere Stelle? Als er mit meiner Mutter und meinem Bruder nach Heilbronn zog, in eine Stadt, mit der ihn nichts verband, wollte die Mutter meiner Mutter, Wilhelmine Blum, nicht mitziehen. Wer weiß, wohin ihr demnächst umzieht, soll sie zu meinem Vater gesagt haben. Und so ging sie zurück nach Mülheim an der Ruhr, der Geburtsstadt meiner Mutter. Zehn Jahre später lebte »Mutti« nicht mehr.

Die Zeit verging nicht, sie sollte nicht vergehen. Da mochten die Familienfotos noch so offensichtlich eine andere Sprache sprechen, mochten zeigen, dass Vater nicht mehr der schneidige Feldhandballer war, als der er Mutter kennenlernte. Für mich als Kind lebten die El-

tern ewig, bildeten sie einen fest gemauerten Schutz-
raum, in dem ich aufwuchs. Wie langsam damals der Dezember verging, wie lange wir vom ersten bis zum vierten
Advent warten mussten. Die Zeit streckte sich, dehnte
sich, floss zäh. Was mir nicht immer gefiel. Schneller
groß werden, schneller das tun dürfen, was der Bruder
tat, schneller die Schule hinter mich bringen, schneller
eine Freundin finden – das waren Ziele. Gleichzeitig
fühlte ich mich wohl im Kokon unserer Familie, es reichte Vaters Anwesenheit, um dieses Gefühl herzustellen,
obwohl er nie mein intellektueller oder emotionaler Spar-
ringspartner war.

Ich wollte nie werden wie er, ich verstand nicht, warum er auf bestimmten Anschauungen beharrte, warum
er laut wurde, warum er wollte, dass Franz Josef Strauß
Kanzler wurde. Und doch, ja, und doch wäre ein Leben
ohne Vater nicht vorstellbar gewesen. Er bot Verlässlichkeit, selbst wenn ich ihm nicht zustimmte. Vater ließ die
Zeit stillstehen. Er wollte, dass seine Kinder Erfolg hatten, zeigte seine fast naive Freude darüber. Er sah seine
Kinder heranwachsen, selbst Kinder bekommen. Dann
stand die Zeit nicht mehr still, verstrich im Handum-
drehen.

Ich bin froh, dass Vater alt wurde, doch weil die Zeit
nach der Jugend vom Alltag aufgesogen wurde, fällt es
mir schwer, mir meinen Vater als jungen, tatkräftigen
Mann vorzustellen. Die Bilder seiner letzten zehn Jahre
sind zu präsent, ich muss hinter dieses Gesicht blicken,

um die Energie jener Jahre wieder zu spüren, die meine Jugend durchströmte. Vielleicht tue ich mich deshalb so schwer, wenn Männer jenseits der sechzig, der siebzig Väter werden. Weil sie ihren Kindern nicht jene Vitalität geben können, die für mich zum Vatersein dazugehört. Nichts normaler als die unausweichliche Folge, dass Kinder aus dem Haus gehen, selber Partner, Kinder haben. Der Gang der Dinge, ja. Und zugleich der Wunsch, die Filmrolle ließe sich zurückspulen.

Vaters Freude sehen, wenn er bei Sonntags- oder Urlaubswanderungen einen Steinpilz aufspürte, ein prächtiges, am Geruch gut zu erkennendes Exemplar, wenn er ihn hochhielt, von allen Seiten betrachtete. Wenn ich es ihm nachtun wollte und froh sein musste, eine Handvoll Pfifferlinge zu finden. Abends wurden die »Schwammerl« mit einer fein gehackten Zwiebel und Petersilie in Butter angebraten oder zu Suppe verarbeitet. Für Vater waren diese Mahlzeiten Brückenschläge in seine eigene Jugend, als sie körbeweise in den Wäldern um Schwandorf Pilze und Blaubeeren sammelten und auf dem Markt verkauften. Davon erzählte er. Sommers in Südtirol gehe ich heute mit meinem Sohn »in die Pilze«. Vor drei Jahren fand ich einen Steinpilz, gleich am Wegrand, ein leicht zu übersehendes Prachtstück.

Wenn ich meine Mutter besuche, lege ich meine Uhr auf den Sekretär, dorthin, wo seine Uhr lag. Wenn ich nach Hause komme ... nein, mein Zuhause ist Hamburg, seit zwanzig Jahren, und doch denke ich »Zuhause«, wenn ich die Wohnung der Eltern, der Mutter betrete, die Wohnung, in der ich meine Jugendzeit verbrachte. Wie lange bleibt das Zuhause das Zuhause? Ist ein Zuhause automatisch Heimat? Heimat, diese Empfindung von Vertrautem. Sie stellt sich ein, wenn ich am Weinsberger Kreuz die Autobahn verlasse, den Weinsberger Sattel überquere und sich plötzlich das Stadtbild Heilbronns vor mir auftut – mit seinen Weinbergen, der Augustinuskirche, den Kraftwerkstürmen in der Ferne. Melancholie schwingt mit, ein Aufgehen im Hier und Jetzt, ein Sichversenken. So ist Heimat für mich gebunden an das, was ich als Kind sah und was heute oft nur in meiner Erinnerung existiert. Vater war selbstverständlicher Teil dieser Heimat. Weil er da war.

Wenn ich seine Uhr trage, muss ich die Automatik am Laufen halten, kann sie nicht achtlos auf meinem Schreibtisch liegen lassen. Das stört mich, doch ich ziehe sie immer wieder an für ein paar Stunden, schüttele sie hin und her, schwenke sie durch die Luft. Nie hätte ich mir selbst eine Automatikuhr gekauft. Aber soll Vaters Uhr in Mutters Sekretär verkümmern, neben dem Busfahrplan, den Weihnachtskarten, die dort aufbewahrt werden?

Über dem Sekretär hängen Familienbilder, ihre Enkel hat Mutter so stets im Blick. Und ein gerahmtes, nicht sonderlich scharfes Foto, das Vater zeigt. Aufgenommen ist es auf einem Spaziergang, vielleicht zehn Jahre vor seinem Tod, als er das Haus noch verließ, zu kleinen Runden Richtung Pfühlpark und Trappensee, eine gute halbe Stunde Hinweg, eine gute halbe Stunde Rückweg, das schaffte er. Vermutlich waren wir zu dritt eingekehrt in der Trappensee-Gaststätte, die zu den »guten Adressen« der Stadt zählte. Früher, als zu ihr noch kein Biergarten gehörte, erstreckte sich neben dem Restaurant eine Minigolf-Anlage mit ungewöhnlichem Parcours. Keine Eternitplatten mit normierten Hindernissen, die überall gleich aussahen, sondern schwierig zu spielende achtzehn Aufgaben. Zehn Schläge pro Bahn. Vermutlich habe ich meistens gegen Vater verloren, der Ehrgeiz an den Tag legte, wenn er sich mit seinen Söhnen in Wettkämpfen maß. Wie ich neulich auf Rügen, als ich im Minigolf gegen meinen Sohn verlor, unverdient natürlich, und mich ärgerte, obgleich ich mich nicht ärgern wollte.

Das Foto: Vater sitzt auf einer Bank am Teich, der das Trappenseeschlösschen umspült. Ein Schmuckstück von Gebäude, das lange Jahre eine Kunstgalerie beherbergte. Viel hat sich an diesem Ort nicht verändert, die Wege sind neu geschottert worden, das Herrenhäuschen aus dem 18. Jahrhundert frisch gestrichen. Da sitzt Vater, als wolle er Stunden verbringen, den Blick auf das Schlösschen gerichtet. Er trägt eine helle Jacke, eine dunkelbraune Hose. Er lehnt sich zurück, als sei er erschöpft, und zugleich wirkt er entspannt. Auf kaum einem anderen Foto strahlt Vater solche Ruhe aus. Wir haben ihn von hinten fotografiert, er muss kein Kameralächeln aufsetzen, er kann sitzen bleiben, ohne seinen Oberkörper aufzurichten. Vater ist ganz Vater: ein weißhaariger, älterer Mann, in gedeckten Seniorenfarben, der auf eine ihm sehr vertraute Umgebung blickt. Dieses Foto wird das Foto meines alten Vaters bleiben.

Bald danach verzichtete er selbst auf kleine Spazierrunden. Mit einem Stock auf die Straße zu treten, womöglich mit einem Rollator, wie es manche seiner Altersgenossen ganz selbstverständlich taten – dafür hatte er nur Verachtung übrig, das ließ sein Selbstbild nicht zu. Die Vorstellung des energischen »Herrn Moritz« wollte er in der Öffentlichkeit nicht beschädigen. Peinlich wäre es ihm gewesen, sich als gebrechlicher, hilfsbedürftiger Mann zu zeigen. Zu Hause zur Not, vor den Augen der anderen nicht.

Auf ihn deswegen einzureden, ihn vom Gegenteil überzeugen zu wollen, war sinnlos. Gespräche dieser Art wollte er nicht führen, er brach sie ab, er boykottierte sie, wandte den Kopf ab, ging aus dem Zimmer. Die Nordic-Walking-Stöcke, die ihm meine Schwester zum Geburtstag oder zu Weihnachten schenkte. Sie wurden keines Blickes gewürdigt, alles aufmunternde Zureden, alle lachenden Aussichten auf neuerliche Outdooraktivitäten fruchteten nicht. Die Stöcke blieben verbannt, in irgendeiner Ecke. Eingesetzt wurden sie nie. Das Trappensee-Foto mag ich, weil es die Zeit vor seiner Wohnungseinkapselung spiegelt. Ein letztes Mal ist er unterwegs, hat er sich aufgemacht und wird beim Rasten auf der Bank am Teich gewusst haben, dass es viele solcher Gänge nicht mehr geben wird für ihn.

DIE TERRASSENTÜR

Gleich neben dem Sekretär geht es hinaus auf die Terrasse. Keine Kellerwohnung, so hätten wir nie gesagt, eine Souterrainwohnung, wenngleich das etepetete klang. Keine Balkons wie die anderen beiden Parteien, dafür eine großzügige Terrasse im Grünen. Wenn ich meiner Mutter heute telefonisch wertvolle Ratschläge gebe, sie auffordere, sich Bewegung zu verschaffen und eine Runde durch den Pfühlpark zu drehen, antwortet sie mit vorhersehbaren Worten: »Was soll ich da allein? Ich hab doch meine Terrasse.« Schon zu Lebzeiten meines Vaters hatte sie diese Funktion, bot sie die Möglichkeit, vor die Tür zu kommen, ohne die Wohnung zu verlassen. Gut fünfzehn auf drei Meter umfasst sie, eingesäumt von Büschen und Bäumen, die, damit sie das Licht nicht gänzlich fernhalten, alle Jahre gestutzt werden müssen. Sie war Oase der Ruhe, mit dem Rasenstück, das unser Haus mit den Nachbarhäusern verband und das nicht als Spielfläche benutzt werden durfte. So stand es im Mietvertrag, und so erklärte es Vater Familien, die ihren Mietvertrag nicht gründlich lasen.

Ein runder Tisch, zwei Gartenstühle mit weichen Schaumstoffauflagen und zwei Liegen machen aus der Terrasse ein Sonnenrefugium. Alle Monate sieht ein Gärtner nach dem Rechten, und Mutter pflanzt Stiefmütterchen, wo sich eine Lücke im dichten Buschwerk auftut. Gegenüber ist ein Dialysezentrum untergebracht, für das die Garagen auf der anderen Grundstücksseite geopfert werden mussten, darunter unsrige. Was Vater bedauerte, da sein Wagen nun im Winter im Freien blieb. Was ich bedauerte, da wir dort Fußball spielten und hammerharte Schüsse gegen die Garagentore abfeuerten. Das hallte durch die Straßen und rief die Nachbarn auf den Plan, die sich gestört fühlten. Vater war das unangenehm, sein Sohn sollte nicht zu den Störenfrieden gehören, die er selbst von den Rasenstücken vor der Terrasse vertrieb. In seinen letzten Jahren zog sich Vater bei warmen Temperaturen in einen der Liegestühle zurück, ließ sich die Sonne ins Gesicht scheinen, hielt Mittagsschlaf oder blickte in die lichtdurchspielten Baumwipfel. So verließ er seinen Sessel hin und wieder.

Saßen meine Eltern in früheren Jahren abends auf der Terrasse? Tranken sie dort Kaffee? Ihre Weißweinschorle, ihr Viertel Trollinger mit Lemberger? Oft habe ich das nicht gesehen. Wahrscheinlich war ihnen selbst dieser Ort zu öffentlich, wahrscheinlich wollten sie nicht, dass ihre Gespräche und das Geschirrklappern nach oben zu den Balkonen der anderen drangen. Am kleinen Glück des »Wir haben unsere Terrasse« änderte das nichts. An einem Terrasseneck wächst eine Tanne, seit über dreißig Jahren. Im Österreich-Urlaub, sagt Mutter, habe man das Pflänzlein in einer Hütte bei Hallein ausgegraben und heimlich nach Heilbronn gebracht. Der Klimawechsel ist ihm bekommen, und so gedeiht das österreichische Mitbringsel bestens. Über zwei Meter groß ist es inzwischen.

Wenn es dunkel wurde, ließen meine Eltern früh alle Rollläden herunter, mit diesem satten Geräusch. Wir wohnen schließlich im Souterrain. Einbruchssicher und blickdicht sollte alles sein. Wie ihre Kinder wohnen, ohne Gardinen, ohne Stores, ohne Jalousien, verstanden sie nicht. Abends wurde unsere Wohnung zu einem abgeschotteten Käfig. Allenfalls wenn wir auf der Terrasse eine Zigarette rauchen wollten, wurde der Rollladen an der Terrassentür mit leisem Murren erneut hochgezogen. *Müsst ihr noch mal raus?*, lautete die dezent tadelnde Standardfrage. Zum Glück rauchten wir wenig.

Ja, da ist Vater. Wie er die Terrasse fegt, wie er die Stühle im Herbst in den Keller räumt und wie er die zahlreichen Vögel zu bestimmen versucht, die diese grüne, mit hohen Bäumen bestandene Ecke gern anfliegen. Vor allem aber denke ich an ihn, wenn ich die Tür zur Terrasse auf- und zumache. Erst vor Kurzem wurde sie ausgetauscht und lässt sich mit einem Mal geräuschlos schließen, wie das Türen normalerweise tun. Zuvor musste sie mit einem Hebelmechanismus betätigt werden, eine ungeschickte Einrichtung, die es quasi unmöglich machte, sie geräuschlos zu schließen. So passierte es ständig, dass die Türe mit einem lauten Rums ins Schloss fiel – ein markdurchdringendes Geräusch, das Vater sofort erregte und mich erregte, weil es Vater erregte. *Könnt ihr denn nicht aufpassen?,* war Vaters zurückhaltendster Zuruf in dieser Situation. Die rumpelnd schließende Terrassentür wäre ein idealer Anlass gewesen, um Streit anzuzetteln. Drei, vier Mal hintereinander die Tür unaufmerksam zuzudrücken hätte Vater blitzschnell erzürnt, nicht der Nachbarn, sondern allein des provozierenden, dumpfen Geräusches wegen. Heute bin ich fast enttäuscht, dass mir dieses Zuknallen genommen wurde. Selbst mit größtem Ungeschick lässt sich die neue Tür zur Terrasse nicht lautstark schließen. Könnte man es, würde ich mich automatisch umdrehen und auf Vaters Stimme warten.

DIE BAUERNSTUBE

Unser Esszimmer war kein Esszimmer, sondern eine Bauernstube. Eine Schiebetüre trennte sie vom Wohnzimmer. Eine moderne, komfortable Erfindung, die nicht jeder hatte. So ließ sich im Esszimmer Radio hören und im Wohnzimmer fernsehen. Praktisch, so eine Schiebetür, die dennoch selten zugezogen wurde. Dass es sie gab, war wichtiger. Anders die Durchreiche zur Küche. »Durchreiche«, ein einfaches Wort, das ich als Kind nicht verstand. Was sollte das sein? Substantive, die sich unmittelbar aus Verben ableiteten, erschloss ich nur mühsam. Wie Zubringer oder Aufnehmer. Aufnehmer war sowieso kein Wort, das zu Süddeutschland passte. Lumpa ja, aber Aufnehmer? Schwäbisch sprach man bei uns zu Hause nicht, nicht aus hochnäsiger Abneigung des Dialekts, sondern weil meine Eltern nicht von hier waren. Rei'gschmeckte sozusagen. Vater verlor seine bayerische Sprachfärbung nie ganz, Mutter hingegen redete Hochdeutsch mit uns, sodass mir in der Grundschule die Klassenkameraden argwöhnisch zuhörten.

Warum schwätzt du denn nicht Schwäbisch wie mir?, fragte einer. Dass man im Unterland, im Grenzgebiet zu Hohenlohe, gar kein astreines Schwäbisch sprach, erfuhr ich erst später.

Manche Vokabeln kamen, was Mutters Schuld war, lediglich bei uns vor. Etwas »einholen« zum Beispiel. Eine Aufforderung wie »Bringsch mir en Teppich!« blieb uns fremd, obwohl wir begriffen, dass mit »Teppich« nicht der Perser aus dem Wohnzimmer, sondern eine Decke gemeint war. Andere Wendungen schienen mir lange Moritz'sche Eigenprägungen zu sein. Die »Türe bei machen«, sie also anzulehnen, nicht ganz zu schließen, das begegnet mir bis heute selten. Wir waren Spezialisten darin, Türen lediglich »bei zu machen«, abgesehen von Toiletten- oder Küchentüren, wenn Mutter die neue Fritteuse ausprobierte und es sensationellerweise Pommes frites nicht mehr nur – sonntags – im Lokal gab, falls es ein aufgeschlossenes, modernes Lokal und kein verhocktes Wirtschäftle war. Um dem ausbreitungswilligen Gestank des Frittierfetts Einhalt zu gebieten, genügte es nicht, die Küchentüre bei zu machen.

Immerhin musste die Schüssel mit den Pommes frites, die fast so schmeckten wie außer Haus, nicht mühsam ins Esszimmer getragen werden. Wir hatten ja unsere Durchreiche, die, nachdem die Speisen aus der Küche durchgereicht worden waren, mit einem Griff geschlossen werden konnte – damit der Frittierfettgestank nicht auf diese Weise ins Esszimmer drang. Das bei uns, wie gesagt, eine Bauernstube war, Vaters Projekt, Vaters groß angelegte Reminiszenz an seine Ursprünge. Wenn er aus Berufsgründen gezwungen war, Schwandorf, Neusäß und Fürth (den Geburtsort meines Bruders) hinter sich zu lassen, wollte er sich im neuen Heilbronner Zuhause ein bayerisches Umfeld schaffen, das ihn tagtäglich an seine Herkunft erinnerte. Schon beim Bau des Hauses hatte er durchgesetzt, dass schwere, dunkelbraune Holzbalken die Decke im Esszimmer durchzogen, eine erste Maßnahme zur Einrichtung einer rustikalen Bauernstube, die Gemütlichkeit ausstrahlen sollte.

Ein derartiges Esszimmer hatten nur wir, bei keinem meiner Freunde sah es so aus. Seine Einrichtung und Ausgestaltung zog sich über Jahrzehnte hin. Ständig kamen neue Objekte hinzu, im Urlaub in Österreich gekaufte, urig wirkende Gegenstände, die einen Platz in der immer voller werdenden Bauernstube suchen mussten. In jedem Eck sammelten sich Beispiele vergangener Handwerkskunst, gruppiert um den Esstisch, der sich bei größeren Festivitäten ausziehen ließ, damit sich gut zehn Leute zur Kaffee- oder Vesperrunde einfinden konnten. Ein »Abendessen« gab es nicht, stattdessen ein »Abendbrot« oder ein »Vesper«, das mit Radieserl oder Rettich eine angemessene Note erhielt.

Nichts in der Bauernstube blieb dem Zufall überlassen, wenngleich im Lauf der Zeit merkwürdige Objekte, Mitbringsel oder Geschenke, hinzukamen. Nur hier gab es eigens gefertigte schmiedeeiserne Gardinenstangen, einen schmiedeeisernen Kerzenständer, der nie zum Einsatz kam, nur hier hing in der Ecke am Esstisch ein antik aussehendes Schränkchen, das Platz für ein Dutzend Zinnbecher und Zinnkrüge bot. Darauf eine handgeschnitzte Holzfigur, ein bärtiger Greis mit Pfeife und Stock. Woher dieser Wurzelsepp wohl stammt?

Auf einen Herrgottswinkel verzichteten die Eltern, das wäre zu viel gewesen. Über der Schiebetüre handbemalte Keramikteller aus eigener elterlicher Produktion, über der Durchreiche Regalbretter mit einer Vielzahl von Bierkrügen aus Glas, Keramik oder Zinn, mit blaugrauen Schnupftabakbehältnissen, ein hölzernes Schnapsbrett mit vorgeprägten Mulden für die Stamperl, die kleinen Gläser. Alternativ waren welche aus Keramik im Angebot, ein Weihnachtsgeschenk von mir, erstanden in einer Tübinger Altstadttöpferei, inklusive einem bauchigen Tonfässchen, aus dem sich der Obstler, Williams oder Marille, bequem zapfen ließ. Später betrieb man diesen Aufwand nicht mehr, die Obstlerflasche tat es auch.

Unter der Durchreiche steht eine zweitürige Bauernkommode für Teller, Besteck und Tischdecken. Das linke Türschloss hakte von Anfang an, es bedurfte geschickter Fingerzüge, um den Schrank auf dieser Seite abzuschließen. Warum kam nie jemand auf die Idee, das Schloss zu reparieren? Wir wären erschrocken, wenn es plötzlich reibungslos funktioniert hätte. Das gering ausgeprägte handwerkliche Geschick in unserer Familie half nicht weiter. An einem Hobbykeller zeigte Vater nie Interesse. Einen Fahrradschlauch zu flicken, eine Glühbirne auszuwechseln, das gelang ihm, mehr nicht. Vater verlegte keine Fliesen, tapezierte nicht, weißelte keine Wände und wechselte keine Autoreifen. Seine Söhne sind ihm auf diesem Weg konsequent gefolgt. Meine Mutter und meine Schwester orientierten sich weniger am handwerklichen Desinteresse der Männer im Haus. Vater neigte zur Ungeduld, was ihn nicht für Reparaturen prädestinierte. Als ich mir für den Abschlussball der Tanzstunde wohl oder übel eine Krawatte umbinden musste, scheiterte ich kläglich an den komplizierten Verschlingungen und bat Vater um Hilfe. Schließlich ging er Tag für Tag mit Krawatte ins Büro, akkurat, wie es sich in seinem Metier gehörte, wo es hart und seriös zu verhandeln galt. Vaters Versuche, mir beim Krawattenbinden zur Hand zu gehen, endeten unfroh. Sich selbst eine Krawatte zu binden oder einem anderen vor dem Spiegel eine Krawatte zu binden, das seien zwei grundverschiedene Dinge, erklärte er mir, und so kam ich nicht umhin, das Krawattenproblem selbst zu lösen. Fertigkeit lege ich dabei bis heute nicht an den Tag. In meinem Metier sind Krawatten zum Glück nicht angesagt.

Die Bauernstube ist ein Unikum. Schon als Kind habe ich sie mit leichtem, zurückhaltendem Misstrauen betrachtet. Zu sehr ähnelte sie einem Partenkirchener oder Bernrieder Andenkenladen, zu sehr freuten sich Mutters amerikanische Schwester und deren Nichte an diesem urgemütlichen deutschen Esszimmer, wenn sie zu Besuch kamen. Sie fühlten sich ans Oktoberfest oder an den Schwarzwald erinnert, selbst wenn unsere Bauernstube keine Kuckucksuhren aufwies. Das meiste war Dekor, kunstgewerblich von unterschiedlicher Qualität, gelegentlich in den bajuwarischen Kitsch abgleitend.

Außer den Stamperln war keines der Schmuckstücke im täglichen Einsatz, auch nicht die vielfältigen Bierkrüge. Vater trank sein Helles lieber aus einem ganz gewöhnlichen Glas. Einen der Krüge habe ich mitgenommen, einen unspektakulären, mit einem Paulaner-Schriftzug versehenen schlanken Halbliter-Glaskrug und mit einem Zinndeckel, dessen Keramikeinsatz eine bunte Ansicht von München zeigt. Daraus trinke ich bisweilen, stoße mit Vater an, der auf sein Bier nie verzichten wollte und das mit seinen bayerischen Wurzeln erklärte. Ein Lieblingsbier hatte er nicht, ein dunkel eingebrautes Märzen durfte es sein, kein norddeutsch herbes Pils. Eine Zeit lang kam das Bier direkt ins Haus, Augsburger Riegele-Bräu, aus alter Verbundenheit. Ab und an ließ ich Vater über Internetbiershops ein Probierpaket mit unterschiedlichsten Sorten schicken. Er trank sie gewissenhaft, erläuterte mir Vorzüge und Nachteile. Letztere überwogen. In den USA, berichtete er, tauge das Bier wenig, eine dünne Brühe sei das. Dass es irgendwann, dreisterweise sogar in Süddeutschland, in Wirtshäusern aufkam, die klassische Halbe auf ein 0,4-Liter-Maß zu reduzieren, empfand er als Skandal. Um solche Gastwirtschaften machte er einen Bogen. Ich erinnere mich daran, wie ich mich als Student darüber aufregte, dass Kaffeeproduzenten wie Tchibo und Eduscho still und heimlich ihre Halbpfund- auf 400-Gramm-Packungen umstellen wollten. Mit solchen Betrügereien durfte man meinem Vater und mir nicht kommen.

DER STUHL

Der Tisch, die Eckbank, drei Stühle, so saßen und aßen wir in der Bauernstube, tagaus, tagein. Die Plätze waren zugeordnet, für wechselnde Platzierungen, die aus psychologischer Sicht neue Perspektiven eröffnen könnten, hatten wir keinen Sinn. Die Tischdecken existierten in wechselnden Qualitäten. Alltagstischdecken, Sonntagstischdecken, Tischdecken, die bei Nichtsonntagsessen über die Sonntagstischdecken gebreitet wurden, damit diese sauber blieben. Wer ein Glas umstieß oder kleckerte, erhielt einen Rüffel, zumal das Umstoßen und Kleckern immer geschah, wenn Mutters Tischdecke gerade frisch gewaschen war. Wer auf der Eckbank saß, musste aufpassen, das Zierkissen nicht zu zerdrücken. Dessen Schmuck bestand aus einer aufgestickten weiblichen Trachtenfigur von undefinierbarer Herkunft. Unnötigerweise trug sie überdies ein aufgesetztes Beutelchen in der Hand, das abzureißen drohte, wenn man das Zierkissen fälschlicherweise für ein Sitzkissen hielt.

Meistens saß ich auf der schmalen Seite der Eckbank,

meinem Vater gegenüber. Dass er am Kopf des Tisches saß, auf dem einzigen Stuhl mit Armlehnen, war selbstverständlich. Wo hätte Vater sonst sitzen sollen? Er präsidierte, der Platz war frei gehalten für ihn, vor allem während seiner Berufstätigkeit, als es für die Angestellten eine Mittagspause von anderthalb Stunden gab. Jeden Mittag kam Vater nach Hause, in der Kantine zu essen kam für ihn nicht in Betracht. Alles hatte wie am Schnürchen zu laufen, wenn er gegen Viertel nach zwölf die Wohnung betrat. Mutter bereitete alles auf die Minute vor; überraschend eintretende Störungen galt es zu vermeiden. Eine Stunde später, nach der Tasse Kaffee, fuhr Vater zurück ins Büro. Zu Hause kehrte wieder Ruhe ein. Von der Arbeit selbst erzählte er wenig. Wusste ich, was er tat, wie er mit Lieferanten verhandelte, um Preise und Termine feilschte? Er telefoniere nur den ganzen Tag, das sei keine harte Arbeit, hielt ich ihm bei einem Streit einmal vor. Eine Äußerung, die mir heute noch, so lächerlich es klingt, leidtut. Wenn Vater Feierabend hatte, hieß es, Rücksicht auf ihn zu nehmen. Lass Vati erst mal ankommen, sagte Mutter, hielt uns in Schach, tischte nicht gleich die Probleme auf, die sich im Lauf des Tages aufgetürmt hatten.

In den Schulferien verschaffte mir Vater über die Baufirma Ferienjobs, Knochenjobs. Mal machte ich mich – die langen Stunden bis Feierabend zählend – bei der Fertigstellung einer Sporthalle in Neckarwestheim nützlich, mal fuhr ich Zement in Schubkarren durch die Gegend. Am dankbarsten war ich Vater, als er mir die Urlaubsvertretung im Magazin der Firma verschaffte. Eine herrliche, nicht belastende Aufgabe: Morgens gab ich den Arbeitern, die zu ihren Baustellen fuhren, Gerätschaften aus und notierte alles brav in einer Art Haushaltsbuch. Mittags hatte ich die Getränkeautomaten aufzufüllen und Fertiggerichte abzuholen. Dazwischen war viel Zeit, sehr viel Zeit, sodass ich das Magazin penibel bewachen und den Sportteil der Zeitung auswendig lernen konnte.

Vaters Stuhl ist sein Stuhl geblieben. Wie ich seinen Wohnzimmersessel meide, setze ich mich am Esstisch nie auf seinen Stuhl. Mutter auch nicht. Das bleiben seine Stammplätze, auf ewig reserviert für ihn, so wie in Fußballvereinen Rückennummern von verdienten Spielern nicht an irgendwelche anderen Spieler vergeben werden. Es gibt Fotos von Familienzusammenkünften, die ihn an seinem Platz zeigen, sein langsames Altern ist daran abzulesen. Als sein Augenlicht nachließ und er auf seinem Teller nicht mehr genau wahrnahm, was er zu schneiden oder zu löffeln hatte, und Mutter ihm unauffällig zu helfen versuchte, blieb er in seiner Hilflosigkeit derjenige, der den Vorsitz innehatte. Je älter er wurde, desto weniger schien ihm das etwas zu bedeuten. Je weniger die äußerlichen Merkmale von Prestige und Ansehen etwas zählten, desto lieber sah ich ihn, wenn er sich mit verschränkten Armen nach vorne beugte, über eine Geschichte lachte oder selbst eine Geschichte erzählte. Dann füllte sich Vaters Platz mit Leben, dann mischte sich Spontanes unter die festgelegten Abläufe.

Vater war ein dankbarer und kein einfacher Esser. So-
sehr er schätzte, was Mutter kochte, so vorsichtig musste
man sein, wenn man ihn mit Neuem konfrontierte. Aus-
ländischer Küche stand er reserviert gegenüber, Asiati-
sches kam nie auf den Tisch, mit Pizza und Lasagne
freundete er sich allmählich an. Am liebsten mochte er
gutbürgerliche Küche, Braten, Rouladen, bei der handgeschabte Spätzle nicht fehlen durften, die bei Mutter selten handgeschabte Spätzle waren. Auf Salzkartoffeln verzichtete er gern.

Wenn ich heute Paprika esse und die Reaktionen meines Körpers beobachte, denke ich an Vater, der Paprika
vor allem in ungekochter Form nichts abgewann. Davon
müsse er aufstoßen, merkte er an, und so tauchte Paprika auf unserem Speiseplan kaum auf. Gemüse hatte es
ohnehin nicht leicht, beim grünen Salat nahm sich Vater
nie die größte Portion.

Er bestand, außer am Sonntag, nicht auf Fleischge-
richten. Mit Mutters geschickter Wirtschaftsführung,
die bei drei Kindern aus genauem Kalkulieren bestand
und kostengünstige Gerichte berücksichtigte, kam er zurecht. Vater gehörte zu jener Generation, für die Fleisch-
gerichte einen Zuwachs an Wohlergehen markierten.
Wer da nicht sparen musste, hatte es zu etwas gebracht.
Auch Kuchen und Torten gehörten zur fortgeschritte-
nen Wochenendkultur, keine Samstagnachmittage ohne
Mutters selbst gebackenen Kuchen. Zu ausgewählten
Anlässen übertraf sie sich und zauberte eine echte

Schwarzwälder Kirschtorte auf die Tafel – kein Vergleich, sagte Vater, zu dem, was man in Cafés unter dem gleichen Namen vorgesetzt bekam. Mutters Schwarzwälder übertraf alles, doch auch von gedecktem Apfelkuchen und Träubleskuchen, der von einer feinen Baiserschicht überzogen war, ließ Vater sich überzeugen.

Allein auf weiter Flur stand er mit seiner Liebe zur Biskuitrolle. Dieser fluffige, gar nicht bissfeste Biskuit hielt in meinen Augen keinen Vergleich mit einem knusprigen Mürbeteig aus. Wollt ihr den Erdbeerkuchen mit Biskuit- oder Mürbeteig?, lautete eine der Grundsatzfragen. Manchmal gab Vater nach. Die überflüssige, mit Puderzucker bestäubte Biskuitrolle war anfangs mit Erdbeermarmelade gefüllt, was die Angelegenheit nicht attraktiver machte. Später, ein Zeichen des wirtschaftlichen Aufschwungs, ersetzte Erdbeersahne die süße Marmelade, ein Gewinn. Ohne Biskuit wäre es noch besser gewesen.

Alle paar Wochen fuhr Vater auf Geschäftsreise in Richtung Mainhardter Wald zu Förstern, kaufte Holz für die Zimmerei ein und sah im Sägewerk der Firma, in Wielandsweiler, nach dem Rechten. Einmal verbrachten wir dort ein Wochenende. Der Sägemühlenbesuch ging für Vater immer Hand in Hand mit einem Geschäftsessen – ein Wort, das mich beeindruckte, das nach weiter Welt klang. Eingenommen wurde es in Neulautern, im Café Waldeck, einer am Waldrand gelegenen Gaststätte, in der meine Konfirmation gefeiert wurde. Seinen Ruhm verdankten das Café und sein Inhaber Wagner dem Wiener Schnitzel, das es da, so Vater, in unnachahmlicher Qualität gab. Hauchdünn müsse ein solches Schnitzel sein und von ausladender Dimension, manchmal komme es vor, dass es über den Tellerrand lappe. Wir hörten Vater abends aufmerksam zu, wenn er das Waldeck-Schnitzel pries. Vom Kalb habe es selbstverständlich zu sein, und gegen Lokale, die sich daran nicht hielten, könne man juristisch vorgehen. Schnitzel Wiener Art, von wegen. Dass Vater dafür nichts zu zahlen hatte und die Firma das Wiener Schnitzel und womöglich noch eine Suppe und ein Getränk übernahm, imponierte mir. Vaters beruflicher Status erschien mir am bedeutendsten, wenn er vom Café Waldeck erzählte. Eine Wohnung (ja, nur eine Mietwohnung, gewiss) im Heilbronner Osten, ein eigenes Auto, keine Kredite, drei Kinder, eine attraktive Frau, ein dreiwöchiger Jahresurlaub mit Kind und Kegel und Schnitzel umsonst – das alles machte etwas her.

Manchmal brachte er von seinen Ausflügen nach Neulautern und Wielandsweiler Trophäen mit nach Hause, um die sich meine Mutter kümmerte. Ein Spankörbchen mit frischem Spargel oder einen Fasan, dem man in der Natur und auf Speisekarten so gut wie nie begegnete. Wie man ein solches Tier am besten zubereitete? Mutter schlug in Kochbüchern nach und lernte das außergewöhnliche Geflügel mit Speckstreifen zu umwickeln. Andernfalls könne ein Fasanenbraten schnell trocken geraten. Beim Sonntagsessen lobten alle Vater und das schmackhafte Tier, wenngleich an ihm nicht viel dran war. Der Feldhase, den mein Vater in einem Baumwollsack mitbrachte, forderte Mutters Einschreiten erneut. Unerschrocken zog sie dem Hasen das Fell über die Ohren – ohne Begeisterung, doch was getan werden musste, wurde getan.

Vater aß gern. Am Herd selbst war er zu nichts zu gebrauchen. Eine eigenständige Mahlzeit hätte er sich nie zuzubereiten vermocht. Er kannte seine Grenzen und zeigte nie die Ambition, diese zu verschieben. Mutter war für Haushalt und Küche zuständig, und für eine Hobbykochkarriere fühlte er sich nicht bestimmt. Das Geschirr abtrocknen, den Müll heruntertragen, für Getränke sorgen, die Kehrwoche erledigen – diese Tätigkeitsfelder akzeptierte er. Als Mutter, anfangs gegen seinen Willen, in den Beruf zurückkehrte, sich im Vorzimmer eines Pflanzenhauschefs unentbehrlich machte und sogar noch tageweise arbeitete, als Vater längst im Ruhestand war, ließ es sich nicht vermeiden, dass sie um die Mittagszeit nicht immer in der Küche stand. Dann wurden Gerichte vorbereitet und die Backofenuhr so eingestellt, dass Vater um zwölf Uhr nicht verhungerte. Ein Gericht, so die Familienlegende, gelang Vater immerhin: seine geliebten Schinkennudeln. Möglicherweise waren die Nudeln gekocht und die Schinkenstücke vorgeschnitten. Immerhin soll es Vater mit einer gewissen Anstrengung geglückt sein, sich daraus ein schmackhaftes Essen zuzubereiten, ohne Salatbeilage, es sei denn, meine

Mutter hatte diese ebenfalls vorbereitet und gut sichtbar in den Kühlschrank gestellt. Ohne meine Mutter hätte Vater im Alter nicht allein leben können; das wusste er, das vergaß er nicht.

Seine Kochabstinenz übertrug sich auf meinen älteren Bruder, für den die Zubereitung von Schinkennudeln bis heute keinen geringeren Kraftakt darstellt. Ich selbst koche gern, habe diese Fähigkeit früh als Weg zur Selbstständigkeit, zur Unabhängigkeit verstanden. Während meines Studiums habe ich die Eltern ab und zu bekocht, von Mutter, die sofort geneigt war, wertvolle Ratschläge zu erteilen, beäugt, von Vater wohlwollend aufgenommen. Asiatische Gerichte mit Glasnudeln und so koche ich übrigens nie, und rohe Paprika mag ich nicht.

Von der Geselligkeit in der Bauernstube, dem Wohnungszentrum, ist nicht viel geblieben. Mutter verzehrt ihre einsamen Mahlzeiten hier, allenfalls wenn die Kinder zu Besuch kommen, kehrt das laute Leben zurück. Vaters Stuhl ist leer. Seine bayerische Einrichtungsvorliebe teilen seine Kinder nicht. Dennoch empfand ich die Bauernstube als das Symbol des Familienlebens, als Möglichkeit, zu jener Zeit zurückzukehren und sich niederzulassen, als sei der Platz für einen frei gehalten worden. Wenn ich am Esstisch den Platz einnehme, an dem ich immer saß – Vater direkt gegenüber –, bin ich es zufrieden. Nichts ist mehr wie früher, als es in der Bauernstube hoch herging, als ein Gemeinschaftsgefühl entstand, wenn wir rund um den Ecktisch saßen und keine folgsamen Kinder mehr waren.

Das Leben in unserer Wohnung hat sich verlangsamt, ist leise geworden. Mutter versucht, damit zurechtzukommen. *Was bleibt mir anderes übrig?*, konstatiert sie. Sie lässt sich nichts anmerken, eine Spezialität unserer Familie, zeigt in kleinen, wohlgesetzten Andeutungen, wie es um sie steht. Mich kennt ja hier keiner mehr, sagte sie neulich am Telefon. Warum musst du denn so weit im Norden leben? – Mutters Frage hallt nach, holt mich ein. Wie hätte sich mein Verhältnis zu Vater und Mutter entwickelt, wenn ich die letzten fünfundzwanzig Jahre meines Lebens nicht in Berlin, Leipzig und Hamburg verbracht hätte? Wenn ich wie viele meiner Klassenkameraden im Land geblieben wäre, in Heilbronn, Willsbach oder Langenburg? Wären wir uns näher gewesen? Oder ferner, weil wir uns nah gewesen wären?

DIE UNTERSCHRIFT

An seinem Esstischplatz setzte sich Vater nicht nur zum Essen hin. Es war sein Ort, um in Ruhe Zeitung zu lesen, Unterlagen zu prüfen und Unterschriften zu leisten. Unter unseren Zeugnissen, die er sich genau ansah, zufrieden mit dem, was seine Kinder nach Hause brachten. In meinem Zeugnisheft aus der Gymnasialzeit prangt Vaters Schriftzug Halbjahr für Halbjahr, rechts neben dem Namen der Klassenlehrer, die Herrmann oder Rath hießen. Männer, die Vater nie kennenlernte, weil er nicht zu Elternabenden oder Schulfesten ging. Da hätte er sich fehl am Platz gefühlt, unter Vätern und Müttern, die zu allem ihren Senf dazugaben. Vater mied solche Zusammenkünfte, erleichtert, dass seine Kinder ihm diese Gänge ersparten.

Immerhin kannten meine Klassenlehrer Vaters Unterschrift, und die musste ihnen zu denken geben. Wann hat er sich diese Buchstabenführung ausgedacht? Als er ins Berufsleben eintrat, als seine Verantwortung wuchs und er zahllose Kaufverträge gegenzeichnete? Sein Vorname »Kurt« lässt sich mühelos entziffern, doch aus dem Nachnamen »Moritz« hat Vater ein gänzlich unleserliches Gebilde geformt, das aussieht, als stamme es aus anderen Kulturen und als wolle er damit Graphologen erfreuen. Das »tz« am Ende ist rekonstruierbar, aus den ersten vier Buchstaben aber hat Vater eine grandiose Konstellation gemacht, aus der niemand ein »Mori« herauslesen könnte. Wie ein lang gezogenes Nadelöhr schoss das Zeichen, das ein »M« sein sollte und mit dem es keine Ähnlichkeit hatte, in die Höhe. Ihm folgte ein straffer Strich, ohne Höhen und Tiefen, eine intensive Reduktion dessen, was »ori« bedeuten sollte. Vaters Unterschrift sah großartig aus, extravagant, kühn, kunstvoll, ein Ausbruch aus dem Gängigen und Normalen. Ihm zuzusehen, wie er – nie mit einem x-beliebigen Stift, stets mit einem teuren, silbernen Kugelschreiber – die Unterschrift unter mein Zeugnis setzte, ohne einen kleinen Moment des Zögerns, mit vollkommener Selbstverständlichkeit, als ließe sich sein Name gar nicht anders wiedergeben. So eine Unterschrift wie Vater wollte ich mir zulegen. Das war klar. Und so machte ich mich in faden Schulstunden daran, eine Unterschrift zu entwickeln, die es mit Vaters aufnahm, die nicht so aussah, als würde ich in langweiliger Schreibschrift leserfreundlich »Margarine« oder »Rotwein« zu Papier bringen. Das Ergebnis lässt sich sehen und ist an Unleserlichkeit mit Vaters Zeichengebilde vergleichbar. Das Vornamenkürzel erinnert an nichts mehr, und mein »M« weicht bewusst von Vaters Nadelöhr-»M« ab. Als sei ein Vogel durch Tinte gelaufen. Im Lauf der Jahrzehnte haben die kryptischen Elemente zugenommen. Mein Bruder und meine Schwester sind diesen Beispielen nicht gefolgt. Was die Unterschrift angeht, bin ich Vaters Sohn.

In Vaters letzten Jahren gewann sein Bauernstubenstuhl eine Funktion hinzu, diente als Ort der Medikamenteneinnahme, des Inhalierens. Er widersetzte sich ärztlichen Anweisungen nicht. Dem Hausarzt vertraute er und schluckte die präzise vorbereiteten Pillen, darauf setzend, dass man ihm das Richtige zugeteilt hätte. Vater war bis zu seinem Tod kein schwer kranker Mann, er hatte einiges durchgemacht, die Liste dessen, was man mit seinem Körper machte, ist nicht klein. Mutter hat sie akribisch geführt, dreispaltig, mit dem Computer geschrieben. Sie setzt am 20./21. September 1999 mit einer Darmspiegelung ein. Dann Herzkatheter-Untersuchung wegen Stauungsbronchitis, Aufenthalte in der Augenklinik wegen altersbedingter Makuladegeneration, dann Nierenstau, Blutinfusion aufgrund schlechter Hämoglobin-Werte, Operationen an der Prostata, an der Gallenblase und ein Hodenbruch. Vater fügte sich in diese Befunde, zeigte sich erleichtert, wenn sich Chefärzte und Professoren seiner annahmen. Kapazitäten oder solche, die diesen Ruf genossen, flößten ihm Vertrauen ein. Er wiederholte ihre Namen, erleichtert, dass sich nicht irgendwelche Doktoren um ihn kümmerten. Über seine Leiden und seine Operationen sprach er nicht ausführlich. Inständig hoffte er auf kurze Aufenthalte in den Krankenhäusern, wo es nur dürftige Kost gab, hoffte, bald wieder in seine geliebten, schützenden vier Wände zurückkehren zu dürfen.

Länger als ein, zwei Wochen verbrachte er nie im Krankenhaus. Da hatte er, fand er, nichts verloren, das war ein Platz für alte Eisen, für Siechende, zu denen er sich selbst auf keinen Fall zählte. Als gut Siebzigjähriger entfernte er sich in einer Gartenwirtschaft von einer Tischrunde, weil die nur aus »alten Leuten« bestanden habe. Vater wurde langsam und zusehends schwächer, unsicherer, er magerte ab, er wiederholte die Geschichten aus seinem Leben, weil kaum neue Geschichten dazukamen. Freute sich, wenn die Schwiegertöchter und Schwiegersöhne, die diese Geschichten nicht so gut kannten, ihm höflich zuhörten. Sein Kopf blieb klar. Er sah die Gesichtszüge seiner Kinder zuletzt nur in Umrissen, doch sie wurden ihm nicht fremd, nicht zu unbekannten Leuten, die in seine Wohnung, in seinen Kreis einzudringen versuchten.

Gespräche über Politik in unserer Familie verliefen kurz und heftig. Sie fanden am Esstisch statt. An ein Übereinkommen war nicht zu denken, weshalb die Unterschiede kräftig artikuliert wurden. Mutter schlug dann vor, mit dem »Politisieren« endlich aufzuhören, und wenn Vater mit seinen Brüdern ins Debattieren geriet, schlugen die Wellen hoch. Vater hatte kein Glück mit seinen Kindern, sie folgten seinen politischen Anschauungen nicht.

Zeit seines Lebens hat Vater wohl CDU gewählt, in Ermangelung dessen, dass er in Baden-Württemberg der CSU seine Stimme nicht geben durfte. Für linkes Gedankengut hatte er nichts übrig, Kiesinger, Filbinger und Späth waren seine Ministerpräsidenten. Helmut Schmidt ließ er gelten, wenngleich der in der falschen Partei war. Den alten Kommunisten Herbert Wehner verachtete er. Wer im Dritten Reich Deutschland verlassen, wer wie Willy Brandt oder Marlene Dietrich gegen das eigene Land gekämpft hatte, dem begegnete er mit Misstrauen oder Ablehnung. Die Verbrechen des Nationalsozialismus verurteilte er. Als ich mit einem Juden in die Grundschule ging, dem Sohn eines Nachtklubbesitzers, verloren meine Eltern kein Wort darüber. Wenn ich bei ihnen zum Tischtennisspielen verabredet war, fragten sie beim Abendessen betont gleichgültig, wie es bei denen zu Hause so zugehe. Das seien ja Juden, hieß es vorsichtig.

Man spürte, dass Vater in der Hitler-Zeit aufgewachsen war, dass das seine Jugend gewesen war, die er nicht in Bausch und Bogen verdammte. Insgeheim war ich froh darüber, dass mein Vater, Jahrgang 1926, zu spät geboren war, um sich je intensiv mit dem Nationalsozialismus einlassen zu können. Hätte er es getan, wenn er fünf, sechs Jahre älter gewesen wäre? Ich weiß es nicht, denke darüber nicht gern nach. Als Achtzehnjähriger wurde Vater eingezogen. Über das im Krieg Erlebte verlor er wenig Worte. An seiner Abscheu vor dem Krieg, vor jedem Krieg hielt er fest.

Ein Politiker musste in seinen Augen ein guter Redner sein, die Menschen für sich einnehmen, ihnen Begeisterung einimpfen. Goebbels sei ein scharfer Redner gewesen, sagte Vater. Schmidt-Schnauze auch und natürlich Franz Josef Strauß, auf den er aus bayerischer Solidarität nichts kommen ließ. Als sich Strauß 1980 anschickte, Bundeskanzler zu werden, witterte Vater Morgenluft – und sah sich drei Kindern gegenüber, die nichts mehr wollten, als das zu verhindern. Mit allem Linken konnte Vater nichts anfangen, Ausländer blieben ihm generell suspekt, und als sich Achtundsechziger sogar nach Heilbronn wagten und an Weihnachten den Gottesdienst störten, regte er sich auf.

Vater ließ sich nicht alles einreden. Als im Heilbronner Stadtwald Anfang der 1980er-Jahre Pershing-II-Raketen stationiert werden sollten, ging er auf die Straße, zur einzigen Demonstration seines Lebens. Raketen wenige Kilometer vom Zentrum entfernt, der Wald hinterm Jägerhaus als nicht zu betretendes Hochsicherheitsterrain, das machte ihm kein CDU-Politiker schmackhaft. Im Alter wurde er sanftmütiger, und ich war ihm dankbar, dass er mir keine Steine in den Weg legte, als ich den Kriegsdienst verweigern wollte. Mein Bruder hatte sich, des Geldes wegen, für zwei Jahre beim »Bund« verpflichtet, ohne dass mein Vater daraus ein ideologisch-vaterländisches Anliegen machte. Seine eigene Militärzeit verherrlichte er nie, und so nahm er es vielleicht verwundert, aber nicht unwillig hin, dass ich mich einer

»Gewissensprüfung« stellte, als Zivildienstleistender und nicht in einer Kaserne auf der Schwäbischen Alb meine Pflicht erfüllte. Im Kreis seiner Bekannten und Arbeitskollegen war das erklärungsbedürftig, doch wahrscheinlich gefiel es Vater sogar, dass sein Sohn tat, was nicht alle taten. Dass ich dabei mit psychisch Kranken zu tun hatte, sagte ihm nichts. Es blieb ihm bis zu seinem Tod fremd, wenn Menschen über seelische Störungen, über Depressionen klagten.

Hin und wieder gewann er selbst SPD- und Grünen-Politikern etwas ab. Schräg gegenüber von uns wohnte Erhard Eppler eine Zeit lang, als Heilbronner Bundestagsabgeordneter. Auf Eppler – mein Jahrgang, sagte Vater – ließ er wenig kommen, ohne ihm seine Stimme zu geben. Manchmal hatte Vater von allen Politikern jeder Art genug und gab seine Stimme einem Volkstribun wie Helmut Palmer, dem Obsthändler und Beamtenschreck aus dem Remstal, der es Mitte der 1970er-Jahre um ein Haar zum Oberbürgermeister von Schwäbisch Hall gebracht hätte. Palmer war ein frecher, geradliniger Redner, der Pointe an Pointe setzte und in schwäbischer Direktheit die Bürger gegen die da oben aufbrachte, kein blinder Konservativer, ein Querkopf, der bei der Heilbronner OB-Wahl Vaters Stimme erhielt.

Nie hätte es Vater für möglich gehalten, dass sich in seinem Leben die politischen Verhältnisse in Baden-Württemberg jemals ändern würden. Dass ein Grüner Oberbürgermeister von Stuttgart wurde, dass es einen

Ministerpräsidenten gab, der nicht der CDU angehörte. Winfried Kretschmann gefiel ihm, denn der wanderte gern und hatte nichts von einem Systemumstürzler. Ein bodenständiger Mann sei das. So geriet Vaters Weltbild am Ende zwar nicht aus den Fugen, doch es erhielt Risse. Immerhin konnte er, wenn ihm alles zu viel wurde, getrost nach Bayern blicken. Nach Strauß lief es da nicht mehr so gut, den Ministerpräsidenten stellte die CSU jedoch unablässig. Obwohl Stoiber, Beckstein und Seehofer dem Vergleich mit Franz Josef Strauß selbstverständlich nicht standhielten. Ein Regierungswechsel in München wäre für Vater zu viel der Veränderung gewesen.

DAS SCHACHBRETT

Beistelltische waren unabdingbar, wenngleich man sie selten benutzte. Drei von ihnen, mit eingefasster Marmoreinlage, stapeln sich neben dem Esstisch. Ein elegantes, nicht zusammenklappbares Schachbrett hatte da lange seinen Platz, ehe Mutter es mir mitgab, damit ich eine – schwach ausgeprägte – Familientradition fortführen und mit meinem Sohn Schach spielen könnte. Mit hölzernen Figuren, verwahrt in einem mit grünem Filztuch ausgeschlagenen Kistchen.

Vater besaß kein Spielernaturell. Die in seiner Heimat gepflegte Tradition, im Wirtshaus lautstark Karten zu klopfen, pflegte er nicht. Skat kam gar nicht infrage, und Jassen, Watten oder Schafkopf, die gut in unsere Bauernstube gepasst hätten, waren nichts für ihn. Empfand er diese Spiele als zu gewöhnlich, als zu derb? Verlangten sie zu viel Gemeinschaftssinn und Verbrüderung, wonach ihm selten der Sinn stand? Allenfalls ließ er sich mit uns Kindern auf Mau-Mau ein, ohne dass ihm dabei Begeisterung ins Gesicht geschrieben gewesen wäre.

So sehe ich Vater kaum als Spielenden vor mir. Ein paar Runden »Mensch ärgere Dich nicht«, ab und zu »Monopoly«, gewiss. Und Tischfußballspiele, die ihren festen Platz auf der freigeräumten Esstischplatte bekamen. »Tipp-Kick«-Turniere gehörten vor allem an Weihnachten zu unseren Ritualen, »Jeder gegen jeden« mit dem Küchenwecker als Stoppuhr, Spielplänen und Tabellen. Vater gab sich kämpferisch, verschwendete keine Zeit darauf, den beweglichen Fuß der Metallfiguren kunstvoll unter den zwölfeckigen Ball zu schieben und so den gegnerischen Abwehrmann mit einem überraschenden Heber zu überwinden. Vater beugte sich kurz nach vorne und hämmerte blitzschnell auf den roten oder gelben Knopf am Spielerkopf. Knallharte Fernschüsse wollte er abgeben, die meinem Torwart keine Reaktionszeit ließen. Ich im Gegenzug versuchte Vaters Abwehr zu überlupfen, eine Schusstechnik, die er als unfair und unrealistisch empfand. So kochten die Emotionen beim Tipp-Kick-Spiel hoch, und manchmal endete das Turnier vorzeitig, ohne den vorgesehenen Spielplan ordnungsgemäß abzuschließen. Unsere Leidenschaft dafür ging nicht so weit, dass wir wie die Profis an den Schussfüßen zu feilen begannen. Die klassische Amateurspielweise reichte uns. Für die nächste Stufe wünschte ich mir ein Subbuteo-Spiel, eine komplexe Angelegenheit, die in England entwickelt worden war. Ein Filztuch wurde auf eine Spanholzplatte aufgezogen, und bewegliche Spielfiguren ließen sich mit dem Finger über das Feld Richtung Ball schnippen. Da ließen sich sogar taktische Finessen anwenden. Vater brachte dafür nicht die nötige Geduld auf und überließ uns das Subbuteo-Terrain.

Anders beim Schach. Ein, zwei Stunden vertiefte sich mein Vater in das Spiel, anfänglich über einem zusammenklappbaren Feld, später auf dem farblich zur Bauernstube passenden großen Brett. Sein Lieblingsgegner war mein Bruder, den ich in diesen Momenten bewunderte, wenn er Spielzüge plante, Vaters Gegenreaktionen zu erahnen versuchte und sich langwierige Auseinandersetzungen mit ihm lieferte. Ein Arbeitskollege meines Vaters, Kaufmann wie er, glänzte im Schachverein, wurde mehrmals Stadtmeister und zeichnete fast sechzig Jahre für die »Schachecke« der Lokalzeitung verantwortlich – eine Leistung, die Vater Respekt abverlangte, mehr als dessen Kegelvorstellungen, denen es, so Vater, an jedem Schwung fehlte.

Vater war kein Vereinsmeier und kein Vereinsspieler, doch die intensiven Spiele mit meinem Bruder wirkten professionell. Ich mochte es, wenn Vater sich konzentrierte, ganz bei der Sache war, sich einer Leidenschaft verschrieb. Ein Schachbuch besaßen wir irgendwann, mit den Partien der Großmeister. Ich selbst habe nicht oft gegen Vater gespielt. Vermutlich fehlte mir die Geduld für dieses Spiel, vermutlich fielen für mich beim Schach zu wenig Tore. Heute steht Vaters Schachbrett in unserem Hamburger Esszimmer, das keinerlei Ähnlichkeit mit einer Bauernstube hat, und gelegentlich spiele ich mit meinem Sohn, der mir einiges abverlangt, um ihn noch in Schach zu halten. Wenn es ihm gelingt, mich zu überraschen und einen meiner Türme zu schlagen, versucht er seine Vorfreude zu verbergen und lacht hellauf – so wie ich damals, wenngleich ich mich nicht daran erinnere, bemerkenswerte Schacherfolge gegen meinen Vater erzielt zu haben.

Zu den um sich greifenden Errungenschaften meiner Jugendjahre gehörte eine Spielzeugeisenbahn, genauer: eine Märklin-Eisenbahn, die zu den großartigsten Weihnachts- und Geburtstagsgeschenken zählte. Auch bei uns zu Hause blieb die Wohnung nicht märklinlos. Eine ausladende Holzplatte, begrünte Hügel, Häuschen mit Gärtchen, ein Abstellgleis, das mir gut in Erinnerung geblieben ist, und stattliche schwarze Lokomotiven, die ratternd ihre Bahnen zogen. Vater hatte die Teile sorgfältig und heimlich zusammengebastelt, und Jahr für Jahr zu Weihnachten erweiterte er die Eisenbahnlandschaft.

Im Zentrum der Aktivitäten stand natürlich der Trafo, mit dessen Drehknopf sich die Geschwindigkeit regulieren ließ – ein Gefühl, das Stärke und Kompetenz verschaffte. Allein das Wort »Trafo« faszinierte mich; es strahlte technischen Sachverstand aus, wenngleich ich lange nicht wusste, warum ein Trafo Trafo hieß. Auch »Triebwagen« fand ich als Vokabel interessant und stellte mir Verschiedenes darunter vor. Ohne dass wir es bemerkt hätten, verbrachte Vater die Wochen vor Weihnachten damit, sein begrenztes handwerkliches Geschick auszureizen und für seine Jungen eine üppig bestückte Bahnhofsszenerie zu bauen. Beim Tunnelbau und bei der Elektrik rief er einen Nachbarn zu Hilfe, sicher war sicher.

Ergänzt wurde alles durch das Zubehör der Gebrüder Faller aus dem Schwarzwald, die Bahngelände und Landschaft mit possierlichen Fertighäusern oder Bänken bereicherten. So spielten wir Welt, auf kleinen oder großen Sperrholzplatten, mit Bahnhöfen, Schranken, Signalanlagen, Bäumen, Hügeln, Zäunen, Weidetieren und menschenähnlichen Figürchen, die als Schaffner, Bahnhofsvorsteher und Reisende das echte Leben simulierten. Vaters Stolz auf sein Werk sprang auf uns über, er strahlte, beschleunigte selbst die Züge, bis sie aus den Gleisen sprangen. Zu ganz begeisterten Eisenbahnern, zu Märklin-Enthusiasten wurden wir dennoch nicht. Irgendwann wanderte die opulente Eisenbahn in den Keller der Eltern, später in den Keller meiner Schwester. Der herrliche Trafo funktioniert sicher nicht mehr.

Für meine Schwester ließ er in der Zimmerei der Baufirma ein Puppenhaus mit feuerrotem Dach bauen. Meine Mutter bestückte die Etagen mit zerbrechlichen Möbeln und winzigen Figuren – eine weitere Möglichkeit, bürgerliches Leben nachzuahmen, unseren Alltag in dem der Puppenhausmenschen zu spiegeln. Subbuteo, Eisenbahn, Puppenhaus – wir spielten keine Spiele, die uns in ein ganz fremdes Leben führten, die Exotisches suchten. Selbst wenn wir bei Monopoly Häuser auf die teure

Schlossallee setzten, blieb das im Rahmen unserer Vorstellungskraft. Villen gab es bei uns, ein paar Straßenzüge weiter in der Armsündersteige oder im Rampachertal. Wie sehr hing Vater an der geordneten bürgerlichen Existenz, die er zusammen mit meiner Mutter für sich und für uns aufbaute? Wie sehr schätzten wir selbst diese Übersichtlichkeit, diese Überraschungslosigkeit? Was wäre aus mir geworden, wenn Vater ein ganz anderer gewesen wäre, einer, der Märklin-Bausätze und Puppenhäuser als Spießerzeug abgetan hätte? Ich bin froh, dass Vater war, wie er war, gleichgültig, wie oft ich mir gewünscht habe, er wäre nicht so gewesen, wie er war.

DER TOASTER

In der Küche hatte Vater wenig verloren, seinen Fähigkeiten und seinem Rollenverständnis nach. Wenn er nicht eigens aufgefordert wurde, den Sack mit geriebenen Kartoffeln auszudrücken oder das Geschirr abzutrocknen, hielt er sich von Herd, Spüle und Backofen fern. Das war Mutters Reich, die Aufteilung klar geregelt. Allein der Toaster neben der Kaffeemaschine fiel in seinen Zuständigkeitsbereich – eine Aufgabe, die Vater bis zu seinem Tod erledigte und die in seinen Augen niemand so gut wie er erledigen konnte.

Es ging nicht darum, Weißbrotscheiben zu toasten, was allenfalls am Wochenende vorkam. Vaters Stunde schlug, wenn Mutter zum Abendbrot aus dem Gefrierschrank Brötchen oder Laugenbrezeln hervorholte und diese ihrem Idealzustand zuzuführen waren. Da lagen sie in ihrem Beutel, tauten langsam auf und mussten mithilfe des Toasters abendbrotfertig gemacht werden. Da galt es, so Vater, aufzumerken, die Objekte keine Minute aus den Augen zu verlieren, sie rechtzeitig zu wenden und zu verfolgen, wann sie den richtigen Röstgrad erreichten. Falsch behandelte Brezeln verbrannten, wiesen schwarzkrustige Ärmchen auf, gerieten zu hart, waren, so Vater, dann gänzlich ungenießbar. Andererseits führte übergroße Vorsicht ebenfalls nicht zum gewünschten Ergebnis. Wer wollte schon zur gerauchten Schinkenwurst oder Lyoner Brezeln essen, die zu weich, die lätschig waren, die nicht lange genug auf dem Toaster gelegen hatten? Niemand, und Vater schon gar nicht.

Mutter war schlau genug, sich nur selten am Brötchen- und Brezelaufbacken zu versuchen. Ein Ergebnis, das Vater befriedigt hätte, konnte sie schwerlich erzielen. Was den Vorteil hatte, Vater eine Betätigung zuzuweisen, ihn aus dem Sessel hervorzulocken und ihm Verantwortung zu übertragen. Je älter er wurde, je schlechter er sah, je weniger er das Haus verließ, desto mehr schrumpfte seine Rolle als Ernährer, als Hausvorstand, als Entscheider. Wie es so geht: Vater zu sehen im Alter, das war die Erinnerung an seine dominierende Zeit, an seine besten Männerjahre, als er in meinen Augen unverletzlich schien. Vater war da, musste da sein, und wenn es Schwierigkeiten gab, lag es an ihm, diese zu beseitigen – selbst wenn es im Geheimen meine Mutter war, die die Ordnung wiederherstellte.

Das Hantieren am Toaster, das meisterhafte Auffrischen dessen, was die oft zu tadelnden Bäcker gefertigt hatten, das war Vaters letztes Arbeitsfeld. Umso präziser ging er dieser Tätigkeit nach und wollte am Tisch für seine Leistung gelobt werden. Genau so müsse eine perfekte Brezel schmecken, geradeso, als sei sie direkt aus der Backstube auf uns gekommen. Manche unserer Toaster hatten Brötchenaufsätze, manche nicht. Vater kam mit allen Modellen zurecht.

DAS FENSTERBRETT

Ein ganz normales, graues Marmorbrett unter dem Küchenfenster, von dem aus nicht viel zu sehen ist. Eine Ablagefläche für Kugelschreiber und Einkaufszettel. Die Zeiten, als Mutter hier den Speiseplan für die Woche platzierte, um nicht jeden Abend die Frage »Was koche ich morgen?« wälzen zu müssen, sind vorbei. Für sich selbst braucht sie keinen Wochenplan mehr. Seit Jahren ergänze ich Mutters Einkaufsliste unauffällig mit dem Wort »Gnuschenkel«, um das Einerlei von »Haferflocken«, »Milch« und »Persil« aufzulockern. Eingekauft hat Mutter Gnuschenkel bedauerlicherweise nie, ja, sie hat es sogar aufgegeben, den albernen Scherz ihres nicht mehr ganz jungen Sohnes zu kommentieren. Vermutlich schüttelt sie, wenn ich längst wieder abgereist bin und sie die immer gleiche Notiz sieht, den Kopf und streicht die »Gnuschenkel« kurzerhand durch.

Einmal hat Vater einen weißen Zettel auf das Fensterbrett gelegt, einen Zettel, der mir eine schlafarme Nacht bereitete, einen Zettel, der um ein Haar enthüllt hätte, was ich nicht enthüllen wollte. Als ich im Konfirmationsunterricht und in der Tanzschule zu hoffen begann, dass sich Mädchen für mich interessieren könnten, dass ich es meinen Klassenkameraden, die auf Feten und Partys herumknutschten, nachtun würde, hielt ich es für besser, meine kleinen Geheimnisse, dieses Abwägen meiner Chancen für mich zu behalten. Vor dem Schlafengehen sondierte ich meine Möglichkeiten bei Regine, Susanne, Sylvia und Kristin.

Über Liebe, Erotik oder gar Sex wurde bei uns nicht gesprochen. Mein Vater schien sich dafür, was seinen Sohn anging, nicht sonderlich zu interessieren. Allenfalls meine jüngere Schwester hatte darunter zu leiden, wenn kontrolliert wurde, ob sie sich an die abendlichen Ausgehfristen hielt. Sittlichkeitsverbrecher gab es schließlich selbst in Heilbronn. Mutter beobachtete mich genauer, kaschierte ihre Neugier mehr schlecht als recht. Eine Einladung während der Grundschulzeit zu einem Mädchengeburtstag fand sie merkwürdig, und als ich von Regine, einem vergeblich angeschwärmten Mädchen aus dem Gymnasium, eine Postkarte aus dem Urlaub bekam, tat Mutter erst gar nicht so, als hätte sie den Text nicht gelesen. Wer denn diese Regine sei, warum die mir eine Ansichtskarte schicke.

So begann ich früh, meine amourösen Gehversuche zu verheimlichen, nein, sie nicht zu erwähnen, um sie herum einen Schutzwall des Schweigens zu errichten. Was den Eltern entgegenkam. Als es Zeit war, sich der sexuellen Aufklärung zu nähern, zog es meine Mutter vor, mir Schriftliches in die Hand zu drücken, eine damals viel verbreitete Broschüre, die mir auf möglichst sterile Weise erklärte, woher die kleinen Kinder kämen. Mir genügte das. Mit ihr, mit meinem Vater darüber konkret zu sprechen, über Verhütung, über die Anwendung von Kondomen, war undenkbar. Wenn im Fernsehen oder in der Zeitung von einem homosexuellen Schauspieler die Rede war, merkte Vater an, dass der vom anderen Ufer sei. Was ich nicht verstand.

Wann immer ich in Romanen von engen Vater-Sohn-Beziehungen lese, von kumpelhaften Gesprächen über Frauen, übers erste Mal, gerate ich ins Staunen. Nie hat es zwischen meinem Vater und mir eine Anbahnung dazu ergeben, nie haben wir den Versuch unternommen, dieses Eis zu brechen. Es kam nie dazu – wie in vielen Familien dieser Zeit, als Sexuelles automatisch als anstößig galt und Kinder vor freizügigen Bildern und Filmen zu schützen waren.

Nackt habe ich meinen Vater selten gesehen, meine Mutter nur in einer Zeit, an die ich keine Erinnerung mehr habe. Es gehörte zum Wesen meiner Pubertät, die Dinge mit mir selbst auszutragen, doch es wäre vielleicht schön gewesen, über die unglücklichen Lieben zu reden, nicht darauf bedacht sein zu müssen, alles in den Augen meiner Eltern Anstößige und Zwielichtige für mich zu behalten. Wie hätte ich mit Vater darüber reden sollen, dass ich mich ins Kino schlich, um den *Schulmädchen-*

Report oder den *Letzten Tango in Paris* zu sehen? Dass es dieses Verdruckste heute kaum noch gibt, dass diese Körperfeindlichkeit nicht mehr die Regel ist, dass sich mit meinem Sohn heute darüber locker scherzen lässt, macht mich froh … wissend, dass Geheimnisse zum Erwachsenwerden gehören und ein Über-alles-Sprechen kein Segen ist.

Während der Schulzeit verliefen die meisten meiner erotischen Anstrengungen im Sand. Erst der Zivildienst sorgte für Befreiung. Umgeben von aufregenden Sozialarbeiterinnen und Krankenschwestern, die ihre Schulzeit längst hinter sich hatten, fühlte ich mich als ein neuer Mensch und fand mit Angela, was man erste »große« Liebe nennt. Dass sie sechs Jahre älter und mit einem Sozialpädagogen liiert war, mit ihm zusammenwohnte, machte die Angelegenheit brisant. Hoffnungen und Enttäuschungen begleiteten meinen Zivildienst, nachdem Angela und ich auf der Rückfahrt von einer Weihnachtsfeier das Dunkel im Bus ausgenutzt hatten. Monatelang spielten sich tagtäglich kleine Dramen ab, lernte ich über Eifersucht und Liebe mehr als in all den Jahren zuvor. Da es selten möglich war, Angela in ihrer Dachwohnung zu besuchen, versuchte ich, sie in mein Jugendzimmer zu locken. Obwohl es über einen separaten Eingang verfügte und fern der elterlichen Wohnung lag, musste ich vorsichtig vorgehen. Mutter und Vater sollten davon nichts wissen. An einem dieser Abende, an dem ich Angela mal wieder meine Liebe schwor, brachte ich sie zur Haustür, die zu laut ins Schloss fiel. Vater, der die Ordnung gefährdet sah, wurde aufmerksam, sah einen davonfahrenden VW Käfer, Angelas Auto, und notierte sich das Kennzeichen, um der verdächtigen Sache nachzugehen.

HN – MA 785. Vater notierte die unvergessliche Zahlen-Buchstaben-Abfolge auf einen Zettel, legte ihn aufs Fensterbrett in der Küche. Am nächsten Morgen wollte er seine guten Beziehungen zur Zulassungsstelle nutzen und den Halter des Käfers herausfinden. Ich ängstigte mich, sah Diskussionen voraus, die ich nicht führen wollte. Warum ich heimlich eine Krankenschwester, die mit einem anderen zusammen war, auf mein Zimmer einlüde, wäre noch eine der harmloseren Nachfragen gewesen.

So reagierte ich an diesem aufregenden Abend blitzschnell und nutzte einen Moment, da der Fernseher meine Eltern in Beschlag nahm. Vaters akkurate Druckbuchstaben waren leicht nachzuahmen. Ich vernichtete seinen Aufschrieb und legte stattdessen einen neuen Zettel aufs Fensterbrett: Kennzeichen »HN – KA 785«. Mit Erfolg – Vaters Recherche brachte offenbar nichts ein, von Angelas gelbem Käfer war nie mehr die Rede.

Und Angela? Aus uns wurde nichts. Als ich zum Studium nach Tübingen ging, endete diese schrecklich komplizierte erste Liebe. Mein gelegentliches Googeln nach Angela läuft seit einiger Zeit ins Leere. Die Erinnerung an sie und an Vaters Zettel liegt auf dem Fensterbrett. HN – MA 785.

DER TEPPICHKLOPFER

Im hintersten Winkel der Küche versteckt sich ein Schrank, in dem alles Mögliche aufbewahrt ist. Was genau, weiß ich nicht. Ein Schuhputzkasten auf jeden Fall, dessen Inhalt mich nie zufriedenstellt. Fast alle schwarzen Schuhcremetuben sind eingetrocknet, was meine Mutter nicht weiter stört. Sie benutze ohnehin so gut wie nie schwarze Schuhcreme. An der Innenseite der Schranktür hing früher ein Wandkalender, auf dem ich als Konfirmand akribisch vermerkte, wie lange die meist öden Predigten gedauert hatten, von achtzehn bis einunddreißig Minuten ging die Bandbreite. Und da gab es den Teppichklopfer aus hellbraunem Peddigrohr, dessen eigentümlich geflochtene Schlagfläche ich sofort nachzeichnen könnte. Zur Geltung kam er in unserer alten Wohnung. Das Haus hatte einen Hinterhof mit einer schweren Teppichstange, an der sommers eine Schaukel hing. Die schweren, staubig gewordenen Teppiche wurden über das Eisengerüst geworfen und mit dem Klopfer heftig traktiert. Die Schmutzpartikel wirbelten hoch, gaben den Müttern das Gefühl, ganze Arbeit verrichtet zu haben. Für noch mehr Befriedigung sorgte der Winter, wenn die Teppiche in den Schnee gelegt wurden und sich der herausgeklopfte Unrat ins unberührte Weiß eingrub, eine dunkle Fläche hinterließ.

Manchmal, selten, wurde der Teppichklopfer zweckentfremdet, schlug er auf mich ein. Wenn wir uns tagsüber ungezogen aufführten, blieb Mutter als letzte Rettung, auf Vater zu verweisen. Wartet nur, wenn Vater aus dem Büro kommt. Dann setzt es was. Manchmal setzte es wirklich etwas, in schlimmen Fällen mit dem Teppichklopfer, diesem elenden Gerät. Wenn Vater in Zorn geriet, weil ich Geschirr zerschlagen oder freche Antworten gegeben hatte, griff er zum Teppichklopfer. Alles ging ruckzuck. Vater legte mich übers Knie und erteilte mir eine »Lektion«, auf den Hosenboden, was fetzte und wehtat. Ich heulte los, schrie, was nichts nützte. Wenn der Zorn erst einmal loderte, gab es kein Mitleid. Die Schläge zischten, der Hintern brannte. Sobald es vorbei war, rannte ich in mein Zimmer, wollte nie mehr etwas mit den Eltern zu tun haben, wollte abhauen, vielleicht zu Tante Karin oder auf die Ponderosa. Abhauen wie Tom Sawyer. Hauptsache, weg von daheim und von diesem Teppichklopfer. Nie mehr mit Vater sprechen, und mit Mutter, dieser Verräterin, auch nicht.

Vater war kein gewalttätiger Vater, der selbstverständlich körperliche Züchtigung als Erziehungsmittel einsetzte. Natürlich vertrat er die Auffassung, dass ein

Klaps auf den Hintern, eine Ohrfeige noch nie jemandem geschadet habe, dass es mitunter eine harte Hand bräuchte. Die antiautoritäre Erziehung, die damals aus England herüberschwappte, interessierte ihn nicht. Summerhill? Das hatte mit ihm und uns nichts zu tun. Dennoch war meine Kinderzeit nicht von Angst und Schrecken besetzt. Die – seltenen – Teppichklopferexzesse sind mir unverständlich geblieben. Dass Eltern viel unter einen Hut zu bringen haben, dass ein Haushalt mit drei anspruchsvollen Kindern nicht leicht zu führen ist, dass Vater im Büro nicht nur rosige Stunden erlebte, das beschäftigte mich als Kind nicht, das verstand ich später. Doch sein Kind mit dem Teppichklopfer zu schlagen, das wollte ich nie verstehen. Nie war mir Vater fremder als in diesen Szenen des Ausbruchs, der Hilflosigkeit. Nie, nahm ich mir damals, wenn ich heulend in meinem Zimmer hockte, vor, würde ich meine Kinder schlagen, nie. Daran habe ich mich gehalten, schwer war das nicht. Allenfalls mal ein kleiner Klaps vielleicht, ein ganz kleiner …

Wo unser Teppichklopfer abgeblieben ist? Mutter braucht ihn nicht mehr, der solide Miele-Staubsauger reicht aus.

DIE TELEFONBANK

Im Flur hängt ein Gong, eine Kupferschale mit filzbeschlagenem Klöppel, verankert in einer schmiedeeisernen Halterung. Was er da zu suchen hat, ob es sich um ein Geschenk handelt, einen Spontankauf meiner Eltern, um den lang gestreckten Flur aufzuhübschen – ich weiß es nicht. Viel mehr hat dieser nicht zu bieten. Als Kind spielte ich, sobald meine Mutter zum Einkaufen ging, im Flur Fußball, nötigte meine daran gründlich desinteressierte Schwester, kräftige Wollknäuelschüsse zu parieren. Vater durfte davon nichts wissen, hätte das – zu laute – Treiben sofort unterbunden. Eine Vase mit Kunstblumen, die Garderobe, mehr hat der Flur nicht vorzuweisen. Und, neben der Toilettentür, eine kleine Kombination aus Holzschränkchen und Sitzbank, die in die Bauernstube gepasst hätte. Unser Platz fürs Telefon, bis die schnurlosen Apparate aufkamen und die Vorgängermodelle, die nach und nach von der Wählscheibe bis zu den Tasten einen Modernisierungsprozess durchliefen, ausrangiert wurden.

Vater war kein großer Telefonierer. Dass er sich in aller Seelenruhe auf das mit einem weichen Kissen ausgestattete Bänkchen gesetzt hätte, um in Ruhe Gespräche zu führen, kam nicht vor. Wahrscheinlich hatte es mit seinem Beruf zu tun, der ihm ständig abverlangte, mit Lieferanten, Förstern und Kollegen zu telefonieren. Sein Bedarf war abends gedeckt, und selbst die Pflichttelefonate mit Geschwistern an Feier- oder Geburtstagen beschränkten sich auf das Nötigste. An ein »Wie geht's euch?« knüpften sich wiederkehrende Dialogthemen an, die um den Alltag, um Urlaube oder die Entwicklung der Kinder kreisten.

Alle Gespräche, die Planungen und Grundsätzliches betrafen, fielen in Mutters Ressort. In Vaters letzten Jahren rief sie ihn, wenn ich mich meldete, an den Apparat – »Ich geb dir mal Vati« –, und sofort steigerte ich meine Lautstärke, wiederholte die Sätze, die vom Wetter oder vom Fußball handelten. So blieb Vater eingebunden, so nahm er Anteil, wenngleich es vorhersehbare Gesprächsversatzstücke waren. Solange er telefonierte, war er wohlauf, im Rahmen seiner verbliebenen Möglichkeiten. Solange es um Alltägliches ging, war nichts Schreckliches vorgefallen. Jedes der kurzen Telefonate beendete er mit einem »Macht es gut«, mit einem Gruß an die Familie und manchmal mit der Frage, wann wir endlich mal wieder nach Heilbronn kämen.

In den Schubladen des Schränkchens stapelten sich die immer seltener gebrauchten Telefonbücher. Und da war der Platz für Autoschlüssel und Kraftfahrzeugschein. Vater ließ nichts herumliegen, alle Objekte des täglichen Gebrauchs hatten ihren angestammten Platz. Verwahrt wurden die Autopapiere in einer dieser schwarzen Herrenhandtaschen, die irgendwann in Mode kamen und kaum einem Mann standen. Wir lobten Vater im Scherz für seine neueste modische Errungenschaft, gaben vor, dass diese Schlenkertäschchen »Buko« genannt würden. Vater stutzte und übernahm den Ausdruck kurzerhand in seinen Sprachgebrauch. Sätze wie »Ich hol nur noch meinen Buko« gingen ihm leicht über die Lippen – bis wir ihn aufklärten, dass »Buko« eine umgangssprachliche Abkürzung für »Beischlafutensilienkoffer« sei. Hat Vater darüber gelacht? Aus seinem Wortschatz ist der Buko dennoch nie ganz verschwunden.

Autoschlüssel, Autopapiere – darauf galt es achtzugeben. Das Auto war ein wichtiges Familienmitglied, ein Zeichen für Freiheit und Wohlstand. Sich eines anzuschaffen zeigte, dass es mit dem Wirtschaftswunder weiterging, dass man selbst daran partizipierte. Fernseher- und Autokauf waren Meilensteine des Familienlebens, und wie die Bildschirme flacher wurden, stieg man innerhalb des Automarkenrankings langsam in die Mittelklasse auf. Zuerst ein klassischer VW Käfer, dann, um der wachsenden Familie gerecht zu werden, ein klobiger VW 1600 TL, dessen Buchstabenzusatz Verächter zur »Traurigen Lösung« erklärten, und schließlich ein Audi 80, der deutlich mehr hermachte.

Vater kaufte seine Autos wohlüberlegt, einen Jahreswagen oder einen kaum gefahrenen »scheckheftgepflegten« Garagenwagen von einem Nachbarn. Er hütete sie, fuhr regelmäßig in die Waschanlage, saugte die Fußräume aus und hatte Verachtung übrig für Menschen, die ihr Auto als bloßen Gebrauchsgegenstand betrachteten. Die Autos, die meine Schwester fuhr, genügten diesen Ansprüchen nie; ungern setzte Vater sich in diese Gefährte voller leerer Coladosen und Papiertaschentücher. Ein Wertgegenstand wie ein Auto verlangte und verdiente Pflege. Selbstverständlich beriet mich Vater, als ich mein erstes Auto, einen gebrauchten roten VW Käfer, in Schwaigern kaufte, für 1.750 Mark.

Wie Vater als Raucher stets Ernte 23 kaufte, legte er sich beim Tanken fest und bevorzugte Aral-Kraftstoff. Diese Marke versprach Solidität; freien Tankstellen misstraute er. Zweifel hegte er gegenüber der Benzinqualität in Österreich, sobald wir die Grenze passiert hatten. Dort tankte er »Super«, um auf der sicheren Seite zu sein. Wer weiß, woher die Österreicher ihr Benzin bezögen, womöglich aus Italien. Vor der Fußballweltmeisterschaft 1970 überzeugte ich Vater, hin und wieder der Firma Shell zu vertrauen. Da gab es für die Kraftfahrer Münzen der deutschen Nationalspieler, Münzen von Höttges, Schnellinger und Gerd Müller. Vater gab nach, und der Aral-Umsatz sank markant in diesen Monaten.

Vater war ein guter, sicherer Autofahrer. Stolz empfand ich jedes Mal, wenn er uns problemlos in den Urlaub kutschierte oder nach Schwandorf, auf der langen, mühsamen Strecke über die Cröffelbacher Steige, über Ansbach und Amberg. Trotz des Vertrauens, das ich in Vater setzte, richtete ich kleine stille Gebete zum Himmel, auf dass wir wohlbehütet und unfallfrei bei Oma ankämen. Mutter war als Autofahrerin nicht gefragt, selbst dann nicht, als sie in ihren Vierzigern den Führerschein heimlich machte und das graue Dokument triumphierend auf den Mittagstisch legte. Was nichts daran änderte, dass auf Wochenend- und Ferienfahrten weiterhin Vater am Steuer saß. Als Beifahrer wäre er eine Zumutung gewesen, und als er schweren Herzens seinen Führerschein abgeben und doch neben Mutter auf dem Beifahrersitz Platz nahm, kostete ihn das Überwindung. Nicht mehr selbst Auto zu fahren, das war ein gewaltiger Schlag ins Kontor, eine Degradierung.

Vater war kein sehr geduldiger Autofahrer. Er fuhr nicht schnell und ließ es sich nicht nehmen, andere Verkehrsteilnehmer auf ihr Fehlverhalten hinzuweisen, schimpfend und hupend. Als ich mich für den Führerschein vorbereitete und, um teure Fahrstunden zu sparen, meine zaghaften Runden auf dem Verkehrsübungsplatz drehte, kam es nie zu Überlegungen, das mit Vaters Audi, mit ihm an meiner Seite zu tun – Gott bewahre. Freundlicherweise stellte sich mein Bruder, ein eher geduldiger Autofahrer, klaglos zur Verfügung.

Vater sah sich selbst als sehr guten, gesetzestreuen Autofahrer. Umso bestürzender für ihn und uns die Momente, wenn er diesen selbst gestellten Anforderungen nicht zu genügen schien. Wie auf einer Urlaubsfahrt nach Österreich, als wir, kaum dass wir die Autobahn verlassen hatten, von einer Polizeistreife angehalten wurden. Zu schnell sei Vater gefahren, 59 statt der vorgeschriebenen 50 Stundenkilometer. Ich verkroch mich auf der Rückbank, als Vater mit den fremdländischen Gesetzesvertretern diskutierte, als er versuchte, sein Handeln zu erklären. Von der langen Autobahnfahrt sei er ans schnelle Fahren gewohnt gewesen, weshalb er die überhöhte Geschwindigkeit nicht bemerkt habe. Vater zeigte sich als einsichtiger Sünder, er war kein renitenter Staatsbürger, der sich mit Behörden anlegte. Das gefiel mir einerseits, doch andererseits hätte ich mir manchmal einen aufbegehrenden Vater gewünscht, der die Funktionstüchtigkeit der Blitzanlage lautstark bestritten und jede Schuld von sich gewiesen hätte.

In Unfälle war Vater fast nie verwickelt. Wenn doch, sorgte das für wochenlangen Gesprächsstoff, weil das an der Überzeugung rüttelte, dass Vater uns quasi schlafwandlerisch sicher auf immer und ewig durch den Straßenverkehr leiten würde. Viele Jahre später fand ich bei dem Dramatiker Ludwig Anzengruber die Sentenz »Es kann dir nix g'schehn!« – ein Zutrauen, das ich in Vaters Auto empfand, als befände ich mich an einem unantastbaren Ort, in einem Faraday'schen Käfig, der nicht nur vor Blitz schützte. Ein Welt- und Vatervertrauen, das ins Wanken geriet, als er mittags erregt nach Hause kam und von einem Unfallgeschehen erzählte. Auf der Allee, der vierspurigen Innenstadtstraße, war ein anderer Fahrer auf seine Spur gewechselt und in den Kotflügel seines VWs gerauscht. Ein aufwühlendes Ereignis, ein Fall für die Versicherung, denn zum Glück – das beruhigte mich – war Vater nicht der Verursacher der Kollision, war er schuldlos, ein Geschädigter.

Am Ende seines Autofahrerlebens wurde Vater Opfer einer Intrige, die uns lange beschäftigte. Als er, in seinen Siebzigern, noch in der Lage war, Mutter auf den Beifahrersitz zu verdammen und mit ihr zum Einkaufen in einen Großmarkt zu fahren, stieß er auf dessen Parkplatz mit einem anderen Wagen zusammen. Vater habe die Vorfahrt nicht beachtet. Er gab sich kleinlaut und zu Protokoll, dass das gegnerische Auto blitzartig aus dem Nichts gekommen sei, als habe es einen Unfall gesucht.

Vater schien an sich selbst, an seiner Fahrtüchtigkeit zu zweifeln. Wieso hatte er den Wagen, in dem mehrere junge Leute saßen, nicht gesehen? Zeugen sagten aus, dass Vater der Unfallverursacher gewesen sei. Ein eindeutiger Fall von Vorfahrtsmissachtung offenbar – bis sich herausstellte, dass er das Opfer einer kleinkriminellen Bande von Versicherungsbetrügern geworden war. Einer Bande von Ausländern, wie Vater feststellte, die den Zusammenstoß absichtlich herbeigeführt hatten, um Geld für ihre Schrottkiste, wie Vater feststellte, zu ergaunern. Wochenlang zog sich die Aufklärung des Betrugs hin, hatte Vater Kontakt mit den ermittelnden

Polizisten. Dass ihn keine Schuld traf, bedeutete eine Genugtuung für ihn. Noch war er nicht unfähig, ein Auto sicher über einen Großmarktparkplatz zu lenken. Allen Leuten erläuterte Vater ausführlich den Sachverhalt, immer wieder. Ein Freispruch, der ihm, dem geübten Kraftfahrer, guttat.

Neben der Telefonbank, wo Mutter bis heute ihre Papiere aufbewahrt, ist die Tür zur Toilette. Zur vom Badezimmer separierten Toilette, was damals beim Einzug in die Wohnung ein zusätzlicher Pluspunkt war. Wo Badezimmer und WC nicht voneinander getrennt waren, herrschte kein Fortschritt. Das schmale Toilettenfenster öffnet den Blick auf die zum Haus gehörigen Parkplätze. Dort steht das letzte Auto, das Vater und Mutter sich gemeinsam kauften, ein solider VW Golf. Als die Kinder aus dem Haus waren und sich so gut wie nie mehr in den elterlichen Wagen zwängten, ließen sich die Ansprüche zurückfahren, brauchte es keinen Stufenheck-Audi mehr, genügte ein kleinerer, verlässlicher Wagen, deutscher Produktion.

Knapp zwanzig Jahre hat der silbergraue Golf inzwischen auf dem Buckel. Und gerade mal 35.000 Kilometer, denn mehr als kurze Strecken zum Lebensmittelhändler, Friseur oder zur Bank muss er nicht mehr zurücklegen. Die Autobahn kennt meine Mutter nur aus der Fahrstunde und als Beifahrerin. Zwei Tankfüllungen pro Jahr reichen ihr in der Regel. Der Abriss der Garagen bedeutete einen herben Verlust für Vater. Keinen geschützten Platz, vor allem im Winter, für seinen Wagen zu haben und ihn allen Witterungsbedingungen auszusetzen, das passte ihm nicht.

Parkplätze waren sowieso ein heikles Thema. Den Stellplatz am Haus konnte Vater niemand nehmen, doch selbst die Parkplätze am Straßenrand reklamierte Vater gern für die Bewohner unseres Hauses. Nie verzichtete er darauf, zu erwähnen, dass wieder jemand »von drüben« auf »unserer« Seite parke. Manchmal stellten sogar ganz fremde Leute ihre ganz fremden Autos – Karren meistens – vor unserem Haus ab, eine Frechheit streng genommen. Hinweise darauf, dass es sich um öffentlichen Parkraum handele und jeder das Recht habe, diesen zu nutzen, fruchteten wenig, und wenn wir Vater erzählten, wie umkämpft die Parkplätze in Hamburg, Berlin oder München seien, schüttelte er den Kopf und freute sich daran, nicht in Hamburg, Berlin oder München leben zu müssen. Wenngleich sogar in Heilbronn die Sitten verrohten und jeder meinte, sein Auto abstellen zu dürfen, wo es ihm passte.

Ohne Auto hätte ich mir unsere Familie nicht vorstellen können. Es symbolisierte Unabhängigkeit, Mobilität, gehörte dazu. Die Buchstabenfolgen der Autokennzeichen lauteten immer »KM«, die Initialen für »Kurt Moritz«, die zugleich die Initialen von »Koch & Mayer« waren, Vaters Firma, die ihm lange Zeit mehr als ein anonymer Arbeitgeber war. Die Bindung, die ich zu Vaters Autos – und später zu meinen eigenen – entwickelte, brachte es mit sich, dass Momente, die mich in großer Nähe zu Vater zeigen, mit Autos zu tun haben.

Wie schön war es, wenn ich den Nachmittag im Freibad Gesundbrunnen verbracht hatte und ich wie verabredet gegen fünf, halb sechs vor den Einlasstoren auf Vater wartete, der einen kleinen Umweg fuhr und mich nach der Arbeit abholte. Ich blickte den Parkplatz entlang, prüfte die sich nähernden Wagen und freute mich, wenn ich Vater erkannte, der nach seinem winkenden Sohn Ausschau hielt. Verspäten durfte ich mich nicht, doch wie schön war es, schnell die Autotür zu öffnen und auf die Rückbank zu schlüpfen. Vater und ich fuhren gemeinsam nach Hause. Wenn sich im gleichen Moment ein Gewitter entlud und den schwülen Sommernachmittag abrupt beendete, schmiegte ich mich noch seliger in die Polster und genoss den trommelnden Regen auf dem Autodach.

Eine Verbundenheit mit Vater, die nicht alltäglich war. Einmal stellte sie sich ein, als es wieder ums Fahren von Autos ging, nein, ums Nichtfahren von Autos. Mit dem Fahrrad ging es die Schlizstraße hinauf, über die Linné- zur Jägerhausstraße. An der Steigung schoben wir die Räder, und am Gasthaus weiter bis zur Reisbergbrücke. Wir wollten uns ansehen, worüber die Zeitungen und das Fernsehen tagelang berichtet hatten, die Entscheidung der Bundesregierung, einen autofreien Sonntag einzuführen. Plötzlich diese Leere auf der Ost- und auf der Weinsberger Straße. Man lief quer über den

Asphalt, und es war viel ruhiger als sonst, wenn sich der Ausflugsverkehr Richtung Wartberg schleppte. Die Saudis, sagte Vater, hätten Schuld, dass wir mit dem Benzin haushalten müssten, eine Zumutung, eine Gefahr für unseren Wohlstand, für die Autoindustrie in Neckarsulm. Ich nickte. Stand mit Vater, Fahrrad an Fahrrad, auf der Reisbergbrücke, blickte hinunter auf die magisch leere Autobahn, wo sich nichts tat, keine Überholmanöver, keine Lichthupen. Sah mit ihm in die autoleere Weite, minutenlang.

DAS RASIERWASSER

Irgendwann wich die Badewanne, in der ich am Samstagnachmittag so lange im glühend heißen Wasser lag, dass
ich mich danach auf dem Sofa erholen musste. »Siehst
du wieder aus wie eine Brühwurst?«, fragte Mutter, und
ich beteuerte, dass es mir prächtig gehe, dass das den
Kreislauf anrege. Wenn schon baden, dann sehr heiß.
Die Wanne machte Platz für eine Duschkabine, die für
Mutter und Vater leichter zu besteigen, sicherer war.
Dass man jeden Tag duschte und sich die Haare wusch,
fand Mutter unnötig. Es gebe ja Waschlappen, mit denen man sich gründlich reinigen könne. Doch die seien
wohl aus der Mode gekommen.

Das Waschbecken und die Wandschränkchen kommen mir so vor, als seien sie seit Jahrzehnten unverändert. Das Wasser fließt schlecht ab, seit ewiger Zeit, meine ich, und genauso lange behauptet Mutter, der Abfluss
sei völlig in Ordnung. Die Handtücher, mit denen sich
Vater abgetrocknet hat, die Handtücher, die man selbst
besser nicht benutzte, da Vater es nicht mochte, wenn sie

feucht waren, von Vorbenutzern feucht. Er wollte für sich nur trockene Handtücher.

Im Toilettenschrank neben dem Spiegel liegen Vaters Utensilien für seine Aufenthalte im Bad. Den elektrischen Rasierer von Braun – andere Marken kamen nicht in Betracht – verwende ich manchmal. Ich reinige ihn bewusst nur oberflächlich, sodass sich unter dem Scherblock meine Bartstoppel mit Vaters mischen. Seine alten, inzwischen drei Jahre alten Haare sind die auffälligsten und zugleich verstecktesten der an ihn erinnernden Partikel in Mutters Wohnung.

Ein, zwei Tage vor seinem Tod wird sich Vater zuletzt rasiert haben. Sorgfältig und genau. Mit seinem Elektrorasierer, den er sich erst im vorgerückten Alter zulegte. Zuvor schwor Vater auf die gute Nassrasur. Faszinierend anzusehen, wie er die Seife in einer kleinen Schale aufschäumte, den Dachshaarpinsel eintauchte und den satten, sahnigen Schaum auf sein Gesicht verteilte. Bis er mit einer scharfen Klinge, die ich nie berührte, die Rasur vornahm, voller Konzentration. Streifen für Streifen verschwand die Schaumschicht, Streifen für Streifen wich Vaters kräftiger Bartwuchs. Gehörte er zu den Männern, die sich zweimal am Tag rasierten, um der sprießenden schwarzen Stoppeln Herr zu werden? Sich mit der Klinge zu rasieren verlangte Aufmerksamkeit, doch selbst dann passierte es, dass Vater sich schnitt, sich eine winzige Wunde am Hals zufügte, die er mit einem Schnipsel Klopapier abdeckte. Dieser verfärbte sich allmählich ins Rötliche, ins Blutgetränkte. Das sah abenteuerlich aus, kein Wunder, dass Vater anfangs Elektrorasierern nichts abgewann. Deren Leistung sei in Ordnung, doch kein Vergleich mit einer Nassrasur.

Einen Bart legte sich Vater nie zu, nicht einmal im Urlaub. Einen Vollbart, einen Schnauzbart zu tragen erschien ihm unseriös. Kaum einer seiner Arbeitskollegen kam unrasiert ins Büro, nur der Schachspieler trug einen grau melierten Vollbart, der ihm einen künstlerischen Anstrich verlieh. Ivan Rebroff im Fernsehen, das war etwas anderes. Auch seine Brüder verzichteten auf Bart, allenfalls Onkel Alfons ließ sich ab und zu einen Dreitagebart stehen, vielleicht weil er der jüngste, der unkonventionellste der drei Brüder war. Perfekt rasiert zu sein, das machte den Mann aus.

Wenn das Werk vollbracht war und Vater sein Gesicht im Spiegel von allen Seiten kritisch prüfte, öffnete er den Wandschrank und griff zur Old-Spice-Flasche, seiner Hausmarke. Wie er auf dieses Rasierwasser kam und warum er nicht Pitralon oder Hâttric verwendete, weiß ich nicht. Vielleicht hatte es mit seinem Schwager, Onkel Norin, zu tun, dem amerikanischen Mann von Mutters Schwester. Hatte der Vater das Old Spice nahegebracht? Ein herb und durchdringend riechendes Aftershave, das ich mir mitunter auf die Schläfen tupfte. Einzigartig die helle Keramikflasche, das Emblem eines Segelschiffes und der weiße Hartplastikstöpsel, mit dem man die Flasche verschloss. Old Spice kräftig auf die

Wangen zu verteilen, diese zu tätscheln und eine Frische auszustrahlen, die dem neuen Tag angemessen war, das war Vater, wie er leibte und lebte, zufrieden mit sich und seinem Aussehen, seiner würzig riechenden Erscheinung. Old-Spice-Geruch ist Vater-Geruch. Ein teures Eau de Toilette verwendete er nicht, eine zu übertriebene Maßnahme. Selbst die Parfums, die Mutter alljährlich geschenkt bekam, hielten lange, viel länger als ein Jahr.

Old Spice gibt es in jedem Drogeriemarkt zu kaufen, keine Nobelmarke, eher eine für ältere Herren. Obwohl ich mich selbst natürlich in keinster Weise als ein solcher sehe, kaufe ich mir demnächst eine Flasche Old Spice. So bin ich nicht auf Besuche bei Mutter angewiesen, wo Vaters Vorräte allmählich zur Neige gehen. Ein paar Jährchen wird sich das hinziehen. Vermutlich bliebe die Flasche im Badezimmerschränkchen stehen, selbst wenn sie bis zum letzten Tropfen aufgebraucht wäre. Ihrem undurchsichtigen Keramikkörper ist nicht anzusehen, ob der Inhalt bald zur Neige geht. Das ist gut.

Irgendwo im Bad liegt Vaters Kamm, ein braunes, handgesägtes Exemplar, ohne das er nie aus dem Haus ging. Eine seiner typischsten Gesten: den Kamm durch sein bis ins hohe Alter recht volle Haar zu ziehen, die Frisur anschließend mit der Hand zu kontrollieren. Pechschwarz war sein Haar in jungen Jahren, fast südländisch sah Vater aus, zumal er ein dunkler Hauttyp und in der Sommersonne rasch braun gebrannt war. Befriedigung empfand er darüber, keine Geheimratsecken, keine Glatze zu bekommen. Ein dürftiger Haarkranz, das blieb ihm erspart. Männer, die diesem Übel entgegenwirkten und sich ein Toupet zulegten, nahm er nicht ernst. »Der trägt ein Toupet!«, das merkte Vater regelmäßig an, wenn er auf Spaziergängen oder im Fernsehen auf verdächtig füllige Herrenfrisuren stieß. Wie bei Nachrichtensprecher Karl-Heinz Köpcke, der seine immer höher werdende Stirn mit einem Toupet kaschierte. Mit einem, das Vater natürlich sofort als ein solches erkannte. Toupets fand er unangemessen, künstlich, ein Urteil, das er als einer, der kein Toupet brauchte, umso leichter fällte.

Ist der Toupet-Absatz in Deutschland gesunken oder gestiegen in den letzten Jahren? Ich bin froh, Vaters vollen Schopf geerbt zu haben, sodass ich beim Föhnen einen alten Shampoo-Slogan abwandele und ein »Volles Haar ist mir gegeben« schmettere. Wie mein Vater bin ich davon überzeugt, Toupet-Träger auf hundert Meter gegen den Wind zu erkennen, und ich beherrsche mich jedes Mal, diesen armen Menschen, denen kein volles Haar geschenkt ist, mit Misstrauen zu begegnen.

Vater gab seinem Haar den letzten Schliff mit einer Frisiercreme. Anfangs die blaue Fit-Tube, dann die rote Brisk-Tube, die ihren Platz in unserem Bad bislang behauptet. In seinen Händen verrieb Vater einen weißen Strich der Creme und verteilte sie in seinem feinen Haar, das so besser saß, wie er fand. Ölig sollte sein Haar nicht aussehen, nicht wie bei Schlagersängern, nicht wie bei

Willy Hagara oder Gerhard Wendland. Kein fettiger Glanz, keine Brillantine, aber gut sitzendes Haar, das nicht bei jedem Windstoß durcheinandergeriet.

In einem der Schrankfächer würde sich Vaters Kamm wohl einfinden. Zu seinen wiederkehrenden Handbewegungen gehörte es, dass er in die Gesäßtasche seiner Hose griff und, beim Aussteigen aus dem Auto oder vor dem Betreten eines Restaurants, seinen Kamm nahm, um seine Haare in die richtige, akkurate Form zu bringen. Erst so fühlte er sich gesellschaftsfähig. Ich selbst fand es eine Zeit lang selbstverständlich, einen Kamm bei mir zu haben, in der hinteren Hosentasche wie Vater. Mittlerweile sind Kämme zwar nicht ausgestorben – ich mustere gelegentlich die gängigen Modelle in Drogeriemärkten –, doch sie sind kein notwendiges Accessoire mehr.

Wie Vater nie Bart tragen wollte, in keiner Form, so störte es ihn, als in den Sechzigerjahren die Mode der langen Haare aufkam. Es gab heftige Kämpfe, um Vater ein paar Zentimeter abzuringen. Friseurmeister Schlatter in der Goethestraße hatte – für fünf Mark – einen klaren Auftrag zu erfüllen: mir einen Fassonschnitt zu verpassen, der keine Ähnlichkeit mit dem haben durfte, was Popsänger oder Fußballer in dieser Zeit auf dem Kopf zu tragen begannen. Herrn Schlatter davon zu überzeugen, Vaters Anweisung nicht wörtlich zu nehmen, nutzte wenig, denn wenn Vaters Anschauung einer anständigen Frisur nicht befriedigt war, schickte er mich zurück zu

Meister Schlatter, zum Nachschneiden, eine Qual, die mir die Tränen in die Augen trieb.

Dennoch: Auf Dauer stand Vater in diesem Kampf auf verlorenem Posten. Fotos aus der Tanzstunde und in der Oberstufe zeigen mich nicht mit langen, aber mit längeren Haaren. Ich durfte den Friseur wechseln, verließ Familie Schlatter und wechselte zu seinem angesagten Kollegen Vonderstraß, der aussah wie ein amerikanischer TV-Seriendarsteller. Zu ihm zu gehen war eine Aussage, verhieß den Aufbruch in eine andere Welt. Vater wunderte sich über die Preise, die Vonderstraß nahm. Davon gehe ich vier Mal zum Friseur, pflegte er zu sagen. Und ja: er ließ sich die Haare zum Spartarif schneiden, und als sein altgedienter Friseur in Ruhestand ging, fuhr Vater in dessen Wohnung, um sich nicht an einen neuen Friseur gewöhnen zu müssen, und bezahlte ihn, schwarz. Manchmal zog ich ihn auf und mahnte einen Besuch beim Friseur an. Er wolle wohl im Alter nicht als langmähniger Pensionär herumlaufen. Salon Vonderstraß gibt es bis heute, seine Preise liegen über dem, was ich in Hamburg zahle.

Die Ohren mussten weitgehend bedeckt sein, das war entscheidend, einen militärischen Kurzhaarschnitt wollte ich nicht. Mutter gab sich nachgiebiger, griff den Standardsatz der Scheintoleranten – »Nichts gegen lange Haare, nur gepflegt müssen sie sein« – auf, wohingegen Vater mit dieser Mode in keiner Form etwas anzufangen wusste. Nie wäre er auf die Idee gekommen, sich die Haare über die Ohren wachsen zu lassen. Anders als sein lässiger Bruder Alfons, der seine Jugendlichkeit betonte.

Hat meine Mutter Vaters Kamm jemals gereinigt, gewaschen? Oder hängen darin noch ein paar seiner dünnen, weißen Haarfäden? Zu Vaters Morgentoilette gehörte es bis zuletzt, sich bedächtig zu kämmen, für Ordnung auf dem Kopf zu sorgen.

Wie sahen Bad und Toilette in unserer alten Wohnung in der Schillerstraße aus? Meine Erinnerungen geben nicht viel her. Ein Badezimmerofen, der mit Briketts beheizt werden musste, mit Briketts, die im dunklen, unheimlichen Keller lagerten, der manchmal überschwemmt wurde. Dann packte Vater zu, wenn das Wasser bis zu den Knöcheln stand und die Hausbewohner in Aufruhr gerieten, dann machte sich Vater beliebt. Briketts, die mühsam in einer Kohlenschütte in die Wohnung geschleppt wurden.

Und ja: das kleine, in die Dachziegel eingelassene Klofenster, das jedes Jahr an Silvester entscheidend an Bedeutung gewann. Kein Jahreswechsel ohne ausgewählte Feuerwerkskörper, die Vater und ich ein, zwei Tage zuvor kauften. Kaum Raketen, dafür – zu Mutters Leidwesen – eine Hülle und Fülle an Lärm machenden Artikeln, an Schwärmern, an Krachern, an Judenfürzen, wie wir ganz selbstverständlich zu kleinen roten Knallkörpern sagten. Ich dachte mir nichts dabei, Vater und Mutter hätten sich etwas dabei denken können. Judenfürze, die später zu »Lady Crackern« wurden. Was mittlerweile auch anstößig ist.

Zum Klofenster schlichen Vater und ich an Silvester, lange bevor es Mitternacht schlug, wir gaben ein erstes Feuerwerkszeichen, signalisierten der Umgebung, dass wir gerüstet waren und das neue Jahr lautstark begrüßen wollten. Ich stellte mich auf den Klodeckel, Vater öffnete das Klappfenster, zündete einen Luftheuler an und warf ihn blitzschnell auf die Straße. Dicht gedrängt stand ich an seiner Seite, aufgeregt und glücklich, mit ihm diesen Moment zu teilen und zu genießen. Ich hörte das hektische Pfeifen des Heulers, der seine unvorhersehbaren Pirouetten drehte, ehe er auf dem Gehsteig oder im Vorgarten landete. Noch einer, ehe wir unschuldigen Blicks ins Wohnzimmer zurückkehrten, Mutters Bemerkung, dass es noch zwei Stunden bis Mitternacht seien, ignorierend. Vaters Augen glänzten, als mache es ihm ebenso großen Spaß wie mir, frecherweise vor dem Zwölf-Uhr-Läuten ein kleines Privatfeuerwerk zu zünden.

DER KLEIDERSCHRANK

Nicht alle Zimmer unserer Wohnung haben eine eindeutige Funktion. Wohnen, essen, schlafen, kochen – daran gibt es keinen Zweifel, doch nicht mit allen Räumen ist das so. Links vom Wohnungseingang geht das »kleine Zimmer« ab, mit einem ausrangierten Zweitfernseher, einer Couch, die sich zum Gästebett umfunktionieren lässt, einem Buchregal für alles, was im Wohnzimmer keinen Platz fand. Das Zimmer daneben, kaum mehr als zehn Quadratmeter umfassend, läuft unter verschiedenen Namen. Als Handarbeitszimmer, wo Mutter ihre Nähmaschine aufstellte, als Bügelzimmer, als Ankleidezimmer – was viel zu hochtrabend klang – und als Arbeitszimmer, wo Mutter ihren Laptop bedient, Briefe schreibt und Internettexte ausdruckt.

Dass Mutter sich in nicht mehr ganz jungen Jahren mit Computern vertraut machte, war und ist ein Segen für sie. Sie bedient ihr Smartphone geübt, scannt, skypt, shoppt online und schreibt E-Mails, die gern mit einer Frage enden – um das elektronische Gespräch am Laufen zu halten. Vater wollte sich, nicht nur seiner schlechten Sehkraft wegen, auf diese Dinge nicht einlassen. Internet hat es in seinem Arbeitsleben nicht gegeben, elektrische Schreibmaschinen allenfalls. Abschätzig registrierte er, wenn Mutter im Netz googelte, dies und jenes nachschlug. Der Schmerz, auf einem weiteren Gebiet zurückzufallen, mit seiner Frau nicht Schritt halten zu können, nagte an ihm, doch ihm blieb keine Wahl: Er richtete sich ein, alle Neuerungen anfangs abwehrend.

Es dauerte Monate, bis sich Vater mit Mutters Computeraktivitäten anfreundete, bis er begann, Nutzen daraus zu ziehen. Wenn im Fernsehen ein angegrauter Schauspieler auftrat, wenn er sich an den Titel eines Westerns nicht mehr erinnerte, nahm er Mutters Hilfe an. Schau doch mal nach. Und leise jubilierend recherchierte Mutter, las ihm vor, was Wikipedia zu Henry Fonda zu sagen hatte, was aus Sängern der Fünfzigerjahre, was aus Bruce Low oder Jimmy Makulis geworden war und wie der Berggipfel hieß, den man zwanzig Jahre zuvor im Ötztal erklommen hatte. So profitierte er schließlich von den Segnungen des Computerzeitalters.

Dass man sich mit Heidi, Ellen und Dick in Amerika allerdings mit einer Art Bildtelefon unterhielt, blieb ihm suspekt. Zu viel Fortschritt. Die Zeiten, da man ängstlich und allenfalls an Weihnachten oder zu Geburtstagen ein Telefonat über den Ozean führte – natürlich zu den Uhrzeiten mit günstigen Tarifen –, lagen gar nicht so lange zurück.

Vaters knapp neunzig Lebensjahre schlossen Veränderungen ein, die einen überfordern konnten. Irgendwann hatte er den Entschluss gefasst, sich dem meisten
zu entziehen, seine körperliche Schwäche machte es ihm
leichter, nicht nach vorne, in eine Zukunft zu schauen.
Die Mondlandung 1969, ja, daran hatte er teilgenom-
men, darüber spekuliert, ob es Expeditionen zum Mars,
zu anderen Planeten geben könne. Sicherheitsgurte, Ge-
schirrspülmaschinen, vierte Schiedsrichter, offene Grenzen, Euro statt Mark, Kanzler von Hitler bis Merkel,
Flugreisen, Keramikkochplatten, Flachbildschirme – an
Hunderte von Neuerungen, von Erfindungen, die man
für unmöglich gehalten hätte, gewöhnte sich Vater, mal
verstört, mal freudig. In den letzten Jahren brauchte es
nur winzige Erschütterungen, um Vater zu verunsichern,
ihn aus der Bahn zu werfen. Mutter hingegen versagte
sich nur manchen Neuerungen. *Facebook, das brauche
ich nicht*, rief sie aus, als die Enkel ihr einen Account ein-
richteten, unter dem eleganten Namen »Rose Schmet-
terling«. Auf sechs Facebook-Freunde hat es Mutter gebracht.

Wann werde ich wie Vater anfangen, das Neue und
Gehypte zu ignorieren, so zu tun, als seien Netflix, US-
Serien oder Instagram problemlos zu vernachlässigen?
Sind das die ersten Schritte, sich aus dem tätigen Leben
zurückzuziehen? *Bis ins hohe Alter aktiv bleiben* – so lauten die Formeln der Gesundheitsindustrie. Vater konnte
sich daran nicht halten. Er lebte in einer Wohnung, die

wenig Neues – allenfalls mal eine Leselampe – benötigte, wo alles an seinem Platz war, wo die Dinge des Lebens sich behaupteten gegen alles, was sich draußen in der Welt tat.

Wohnungen sind Horte der Erinnerung. Sobald die Geschwindigkeit des Alltags für einen Moment abnimmt und wir die Dinge um uns herum nicht nur im Vorbeieilen erfassen, sprechen sie mit uns. Eindringlicher wohl, wenn wir ein Familienfoto an der Wand betrachten, verhaltener, wenn uns ein Kerzenständer oder eine Vase auffallen, ein Geschenk der Schwester, ein Flohmarktfund. Plötzlich fächert sich das Leben auf, als würden Bojen auftauchen, die den Fluss unserer Biografie abstecken.

Was tun Menschen, die keine Wohnung haben, Obdachlose, Flüchtlinge, Menschen, die alles zurücklassen mussten, allenfalls ein paar kleine, kostbare Andenken mit sich führen? Jemand seine Wohnung nehmen, ihn seiner Habseligkeiten berauben, das ist ein Anschlag auf die Würde des Menschen, auf seine Unverletzlichkeit. *My home is my castle* – wer sich nicht in seine vier Wände zurückziehen kann, ist schutzlos. Die entsetzten Gesichter, wenn Menschen erfahren, dass ihre Wohnung ausgeraubt und verwüstet wurde, dass Fremde in Schubladen gewühlt und Erinnerungsstücke zerstört haben, zeigen, was uns die Verletzung des Privaten antut. Was uns etwas bedeutet, sagt dem Fremden nichts. Die emotionale Aufladung einer Küchenwaage, eines Wäscheständers oder eines Hutes – das ist zuerst unser eigenes Leben, das war Vaters Leben, und verbindet inzwischen mich mit seinem.

Das Handarbeits- und Computerzimmer ist ein Multifunktionszimmer, es dient zudem als Altpapierdepot und hat an seiner rechten Seite eine Front von Einbauschränken. Da lagert alles Mögliche, die Toilettenpapierbestände, die Handtücher, von denen eines mir bis heute exklusiv zusteht: ein ausgeblichenes Teil, das kaum erkennen lässt, dass es mal ein Frotteehandtuch war. Es stammt aus der Zeit, als meine Mutter, über einen entfernten Verwandten, Testerin für Henkel-Produkte war, neu entwickelte Weichspülmittel, Klebstoffe oder Haarpflegekomponenten auf ihre Qualität hin prüfte und einen detaillierten Fragebogen auszufüllen hatte. Als Geschenkzugabe wird sie irgendwann mein Handtuch bekommen haben, aus damals flauschigem Frottee mit einem Persil-Werbeaufdruck, der heute kaum noch zu entziffern ist. Die Aufsaugkapazität dieses verblichenen Stücks ist nahezu erloschen; man fühlt sich nach dem Duschen eher feucht als abgetrocknet. Es wäre mir aber unangenehm, zu einem anderen der zahlreich vorhandenen Handtücher zu greifen. Mutters Satz *Das müssen wir bald mal aussortieren* höre und überhöre ich. Mutter würde es nie wagen, das Persil-Erinnerungsteil stillschweigend zu entsorgen. Ganz ernst meint sie den Satz nicht.

Vor allem aber hängen, nein: hingen in den Einbauschränken die Jacken, Mäntel und Hosen meines Vaters.

Erst ein halbes Jahr nach seinem Tod fühlte sich meine Mutter stark genug, seine Kleider und Wäsche zu begutachten. Mehr als einen halben Schrank habe ich nicht geschafft, beschied sie mir am Telefon, angegriffen von dem Gefühl, Vater nie mehr in diesem vertrauten Sakko oder jener abgewetzten Hose zu sehen. Fast wie neu sei dieser Mantel, wenig getragen dieses Hemd. Bei jedem Kleidungsstück wusste sie zu sagen, wo und wann es gekauft worden war. Und dass Vater diese helle, fast weiße Windjacke besonders mochte. Die würde mir sicher passen … ob ich nicht … Ja, sagte ich mit halber Überzeugung, die nehme ich mit nach Hamburg, die steht mir sicher. Und ich habe sie mit nach Hamburg genommen, trage sie manchmal, mir einredend, dass sie gut wärme und sehr praktisch sei. Westbury Classic Style by C & A, mit atmungsaktiven, Nässe abweisenden Sympatex-Fasern, all-weather-tauglich. Eine solche Jacke würde ich mir nie kaufen, aber unverdrossen ziehe ich sie alle paar Wochen an, lobe die vielen Seitentaschen für Schlüssel und Einkaufszettel. Wenigstens ist sie nicht von jenem Alte-Leute-Beige, das im Haushalt meiner Eltern keine kleine Rolle spielte. Meine Mutter davon zu überzeugen, endlich ihre fliederfarbene Strickjacke anzuziehen und die faden braunstichigen Teile ins tiefe Innere ihres Kleiderschranks zu verbannen, das ist ein Kraftakt geblieben. Als würde sie mit bunten Farben Aufmerksamkeit auf sich ziehen, als würde sie plötzlich als schrille Alte gelten.

Vaters Kleiderschrank erzählt von seinem Leben, von

den Momenten, in denen er bei sich war. Die korrekten Anzüge und dezenten Krawatten benötigte er im Ruhestand kaum noch, bei Beerdigungen und Familienfesten kleidete er sich seriös, wie er es Tag für Tag getan hatte, wenn er in die Firma aufbrach. Aufzufallen lag ihm nicht. Später, bei Geburtstagsessen, erkundigte er sich vorher bei seinen Söhnen, ob sie eine Krawatte anzögen, und war froh, wenn wir verneinten. Hüte, wie es lange bei Männern seiner Generation üblich war, trug er längst nicht mehr. Besaß Vater am Ende noch Hüte? Wenn ja, lagerten sie in einem hinteren Winkel.

So selten, wie Vater in den letzten Jahren aus dem Haus kam, so bequem machte er es sich, mit einer grauen Haushose – keines der ganz schlimmen Modelle – und einer dünnen, braunen Wolljacke. Für wen sich groß zurechtmachen? Eindruck musste er nicht mehr hinterlassen. Sein Kleiderschrank zeugte davon, was er am liebsten in seiner Freizeit tat: robuste Hosen, wetterfeste Jacken, Kniebundhosen, karierte Hemden. Ihn in solcher Kleidung zu sehen, das ist einer meiner vertrautesten Vater-Bilder. Der sitzenden Tätigkeit im Büro musste er am Wochenende und im Urlaub entkommen, auf Wanderungen im Mainhardter Wald, in den Löwensteiner Bergen, in den dreiwöchigen Sommerferien, die wir in Österreich verbrachten. Einen Sonntag auf dem Sofa oder auf der Terrassenliege zu verbringen, lehnte er ab.

Wir wären sommers gern ans Mittelmeer gefahren

oder wenigstens an die Ostsee, an die Nordsee. Doch über Urlaubsziele wurde damals nicht mit den Kindern verhandelt, anderes als eine Reise ins Tannheimer oder Leoganger Tal war nicht denkbar. Mit Schrecken sah sich Vater die Fernseh- oder Illustriertenbilder von Menschen an, die Strandkorb an Strandkorb, Handtuch an Handtuch aufgereiht an einem südlichen Meer den lieben langen Tag herumlagen und nichts anderes im Sinn hatten, als in der Sonne zu braten und aufs Hotelbüfett zu warten. Nirgendwo hätte sich Vater in den Ferien unwohler gefühlt, und die zaghaften Versuche seiner Kinder, ihm einen Badeurlaub schmackhaft zu machen, liefen ins Leere. Das kam nicht infrage.

So blieb uns nichts anderes übrig, als am Sonntag ins Auto zu steigen, die Wanderparkplätze in der Umgebung anzusteuern, Begeisterung für zu sammelnde Pilze oder Walderdbeeren vorzutäuschen, zu hoffen, dass es in den einfachen Landgaststätten ausnahmsweise Pommes frites gäbe und dass wir nicht zu spät zurückkehren würden. Vaters bayerischer Herkunft war es geschuldet, dass wir kurze Lederhosen und kratzige Janker trugen und von Leuten, die uns unterwegs begegneten, für unser herziges, uriges Aussehen gewürdigt wurden. Die Namen unserer Wanderziele sind für immer da: Steinknickle, Hammerschmiede, Grab, Großhöchberg, Spiegelberg, Stangenbach, Bubenorbis … Haben wir jemals an einem See, am Finsterroter See, am Breitenauer See, Station gemacht, einen Badestopp eingelegt? Oft sicher nicht, da

Vater keiner war, der sich gern in Massen an Seen oder in Freibädern tummelte. In Heilbronn gemeinsam ins Schwimmbad zu gehen kam sehr selten vor. Es wäre ihm wohl peinlich gewesen, von Arbeitskollegen oder Geschäftsfreunden erkannt zu werden; auf Badehosenbegegnungen dieser Art war er nicht erpicht. Wenn, dann bevorzugten wir Freibäder in der Region, die, selten, zu Wanderalternativen wurden oder eine Tour krönten. Mit einer Kühlbox ausgestattet, zogen wir ins Bönnigheimer Freibad, das einen guten Ruf besaß, abseitig genug lag und ein »Mineralfreibad« war, was gesund klang. Wenn ich mir heute Fotos des Bönnigheimer Bads ansehe, erinnere ich mich an keine Details, keine Kabinengänge, keinen Imbisskiosk. Aber wir waren ganz sicher dort, mit Vater in der dezenten Badehose, dunkelblau oder schwarz.

Der Sommerurlaub bedurfte der Vorbereitung. Mutter ließ sich Prospekte oder Ansichtskarten von den Pensionswirten schicken, telefonierte mit ihnen, mit den Waltls und Rupprechts. Wenn man drei Wochen bei denen verbrachte, gehörte man zur Familie und brauchte Glück, um nicht mit unangenehmen Feriengästen untergebracht zu sein, bei den Waltls und Rupprechts. Vater machte sich kundig, besaß Wanderkarten, entwarf vier-, fünfstündige Touren zu Gipfeln und – immerhin – zu Berghütten, auf denen es Almdudler gab.

Am Ziel nahm Vater eine Holzbank für uns in Beschlag, gönnte sich eine Halbe, strahlte übers ganze Gesicht. Er kannte die Namen der Bergspitzen, schrieb sich ins Gipfelbuch ein und lebte mit jeder Körperfaser auf. Bei den Anstiegen, deren Ende ich herbeisehnte, geriet er ins Schwitzen – ein mir übertragener Erbteil – und konnte es, die anvisierte Alm vor Augen, nicht erwarten, sich das Hemd vom Leib zu reißen und sich mit nacktem Oberkörper Sonne und Wind auszusetzen. *Ist das nicht herrlich!*, rief er aus, die Hände in die Hüften gestemmt.

Er liebte es, die Windstöße zu spüren, über die Weiden, die Kühe und die Zäune hinweg das Bergpanorama zu bewundern. Er blickte aufmerksam durch sein schwarzes Fernglas, das aus einem eigenwillig genoppten Kunststoff gefertigt war, ein Qualitätsprodukt, das um seinen Hals hing, stets griffbereit, falls auf einer der Bergwände auf der anderen Seite Bewegung aufkäme, falls sich die Möglichkeit ergäbe, eine Gämse zu erspähen, deren sicheren Tritt auf den steil abfallenden Felspfaden zu bewundern. *Kurt, du wirst dich erkälten!* Mutters vorhersehbarer Zuruf blieb wirkungslos. So leicht verkühlte er sich nicht. Und deswegen hätte Vater niemals darauf verzichtet, als Naturbursche dazustehen und die zurückhaltenden, sich in ihre Windjacken hüllenden Familienväter aus Dortmund oder Frankfurt zu beeindrucken. Mein Vater hatte solche Vorsichtsmaßnahmen nicht nötig, er wollte frei sein, und ich sehe ihn vor mir, frei und glücklich.

Mehrfach logierten wir bei den Waltls, in Leogang, Ortsteil Hütten, nicht weit hinter Salzburg. Das gemütliche Zimmer bei Familie Waltl, mit Balkon, den wir zum Trocknen der Steinpilze nutzten. An Steinpilzen herrschte da kein Mangel, wie früher bei Vater daheim in der Oberpfalz. Vater begeisterte sich für die reiche Ernte. Alle halfen mit, auch die Waltl-Kinder. Die Wirtin briet sie abends auf in der Pfanne, mit Eiermilch und Petersilie. Die getrockneten nahm Mutter mit, für den Schweinebraten zu Hause, das gebe der Soße den letzten Pfiff.

Für die großen Bergtouren war ich zu klein. Als die Eltern mit meinem Bruder und Herrn Waltl zum Birnhorn, zu einem Gipfel von über 2.600 Metern, aufbrachen, beschloss man, mich in der Wohnstube bei Frau Waltl zu lassen. Was mir nicht unrecht war, doch nachmittags zogen hinter dem Waltl-Haus grauschwarze Wolkenwände auf. Wann kommen die Eltern denn zurück?, wollte ich wissen. Sicher bald, erwiderte Frau Waltl. Alle fünf Minuten schob ich die Gardine beiseite, sah auf die Straße, hörte, wie ein Gewitter aufzog, wie die Blitze durchs Tal zuckten und es in Strömen zu regnen begann. Sind die Eltern noch auf dem Berg?, wollte ich wissen. Im Gewitter, das hatte ich gelernt, sollte man sich nicht im Freien aufhalten. Manche Bäume – aber welche nur? – boten Schutz, andere waren zu meiden. Ob sich Mutter und Vater gerade unterstellten, vor dem Unwetter Schutz suchten? Ob das Wasser den Grat herunterprasselte, den Abstieg zu einer gefährlichen Sache machte? Ob sie sich an Felsvorsprünge klammerten, verzweifelten?

Mir stockte der Atem, im Hals saß ein Pfropfen, der beim Schlucken schmerzte. Was, wenn es ein Unglück gäbe, wenn sie nicht zurückkämen, nie mehr? Frau Waltl wirkte nicht beunruhigt. Sie musste es wissen, sie lebte ja hier, eine Einheimische, keine von den ahnungslosen Feriengästen, die mit Sandalen auf Zweitausender kletterten. Zum Glück zählten die Eltern nicht zu diesen Leichtsinnigen, wegen denen die Bergwacht im Sommer mehrmals ausrückte. Aber was nützten die besten Bergschuhe von Sioux, wenn Gebirgsbäche über die Ufer traten und Mutter in den Abgrund rissen, geschwächt, wie sie vermutlich vom Birnhorn-Aufstieg war.

Allmählich wurde es draußen dunkel, der Regen wollte und wollte nicht aufhören. Ich rieb meine Nase an dem kleinen Küchenfenster, sah im düsteren Zwielicht Autos vorbeifahren, ganz langsam, mit schnellen Wischerbewegungen. Ich hatte Angst. Wollte nicht mehr spielen oder malen. Endlich hörten wir draußen einen Wagen vorfahren, Herrn Waltls Škoda, unverkennbar. Ich sprang auf, ihnen entgegen, die Stiege hinunter, sah in nasse, müde Gesichter, die, kaum dass sie in der Stube waren, von ihrem Abenteuer erzählten, wie sie sich untergestellt hatten, vor der Gewitter- und Regenfront, wie das Auto von Sturzbächen fast eingeschlossen worden sei. Ich hörte selig zu, strahlte die Eltern und meinen mutigen Bruder an. Niemals zuvor und niemals später ängstigte ich mich so um meine Eltern. Was, wenn Vater und Mutter vom Birnhorn nicht zurückgekehrt, wenn sie in den Tod gerissen worden wären? Unsere Familie wäre mit einem Mal zerstört worden, wir Kinder ohne Eltern, wie Tom Sawyer hätte ich bei einer Tante aufwachsen müssen, bei Mutters Schwester oder gar in einem Heim. Die glückliche Rückkehr vom Birnhorn machte mich selig. Wir wurden keine Waisenkinder.

Vater hatte das Birnhorn überlebt – ein Stoff, wie für einen packenden Luis-Trenker-Film. Vater hätte beim Drehbuch Tipps geben können. Wohin gingen wir am Abend, um das überstandene Birnhorn-Abenteuer zu feiern? Vermutlich in den Krallerhof, einen Gasthof am Rande Leogangs, der so aussah, wie wir uns einen Gasthof am Rande Leogangs vorstellten. Der Wirt mit seinen ausgeprägten Koteletten sah aus wie das Familienoberhaupt Big John, der bärbeißige Viehzüchter aus der Fernsehserie *High Chaparral*. Dort einzukehren war ein Fest, denn dort gab es Cevapcici, Hackfleischröllchen vom Balkan mit zu viel Knoblauch, wie Vater und Mutter fanden.

Nachdem ich mit fünfzehn zum letzten Mal mit den Eltern in Urlaub gefahren war, hatte es mit dem Wandern ein Ende. Eine Frankreich-Rundreise im VW Polo mit Freunden, 4000 Kilometer, Ferien auf Kreta und Santorin, allenfalls ein Ausschreiten am Strand. Während des Studiums begann ich die Sonntage für Ausflüge auf die Schwäbische Alb zu nutzen, St. Johann, Zwiefalten. Zu wandern ohne die väterliche Nötigung gewann langsam, sehr langsam seinen Reiz zurück. Heftig zu schwitzen wie Vater, bis das kurze Hemd am Körper

klebte, sich mit dem Stofftaschentuch die Stirn abtrocknen und zufrieden sein vor Erschöpfung, wenn das Ziel
erreicht war, das erschien plötzlich als sinnvolle Beschäf-
tigung, wenn man es denn nicht übertrieb. Und was mache ich heute im Sommerurlaub? Nach Südtirol fahren
in einen Berggasthof auf gut 1.100 Meter Höhe und fast
jeden Tag zu Wanderungen aufbrechen, keine Kletter-
touren, aber vier, fünf Stunden sind wir unterwegs, nach
Bad Süß, zum Winkler-Hof, zum Totenkirchl und zur
Platzer-Alm. Kaum angekommen, bestelle ich mir ein

Hefeweizen. Das Hemd reiße ich mir nicht vom Leib. Zufrieden bin ich trotzdem, in diesen Momenten.

Als sich Vaters Wanderaktivitäten einschränkten, blieb sonntags die Anfahrt zur Waldschenke Hörnle bei Brackenheim, wo es, so Vater, sehr guten Rostbraten gab, und zum Parkplatz Heuchelberger Warte, bei Leingarten. Je nach Route galt es, eine halbe oder Dreiviertelstunde zu Fuß, gemächlichen Schritts, bis zur beliebten Einkehrmöglichkeit zurückzulegen, die von den Besitzern zu einem kulinarischen Eventtreff mit übertriebenem, auf bayerisch getrimmtem Dekoschmuck gemacht worden war. Darüber sah Vater großzügig hinweg, auf der Heuchelberger Warte, drinnen oder im Freien, zu sitzen, den Mittagstisch einzunehmen, damit Mutter das Kochen erspart blieb, auf Bekannte, den Emil und die Klara, zu treffen, die Enkelkinder mitzunehmen, die Essensqualität zu loben oder zu bemängeln, das war eine Reminiszenz an Vaters Urlaubswanderzeit, ein Rest seiner früheren Aktivitäten. Seine Windjacken wurden im Lauf der Zeit legerer, ein klein wenig modischer.

In Vaters Kleiderschrank sind die Spuren seiner Abenteuer kaum mehr wahrzunehmen, die Lederkoffer verbannt in eine Abstellkammer. Denn die Eltern machten sich, als es noch nicht zu spät war, zu Abenteuern, endlich zu großen Reisen auf, nicht zu den üblichen Spaziergängen oder Radtouren an Wochenenden und zu den Kegelausflügen in die Fränkische Schweiz. Sie wollten einen Teil der Welt sehen, reisten nach Wien mit einem pedantischen Schwandorfer Schulkameraden, der die Tage im Vorhinein Stunde um Stunde verplante und uns mit seiner Pedanterie Lachtränen in die Augen trieb. Oder sie fuhren mit Busunternehmen nach Andalusien, durch halb Italien, »auf Goethes Spuren« nach Rom, nach Capri. Von diesen Reisen erzählte Vater wieder und wieder, von zahlreich geschossenen Fotos untermauert. Und weil wir Verwandtschaft in Amerika hatten, nahmen sie die Besuchseinladungen an und brachen, in den Achtziger-, Neunzigerjahren, zu ihren größten Fahrten auf, zu Heidi nach Lakewood in Colorado, zu Ellen nach Belgrade in Montana und nach Kalifornien.

Musste Vater zu diesen Aufbrüchen überredet werden? War Mutter die treibende Kraft, nachdem ihre Schwester über die Jahre mehrfach nach Deutschland zurückgekehrt war, um ihre Sehnsucht nach Leberwurst und Kuckucksuhren zu befriedigen? Und natürlich wollten sie sehen, wie es Tante Karin und ihrem Mann, die aus München weggezogen waren, in Kalifornien erging. La Jolla hieß die Küstenstadt im San Diego County, eine reiche Gegend. Vater und Mutter erzählten gern von ihren amerikanischen Reisen, von dem, was dort anders war. Von den monotonen Autofahrten, der Geschwindigkeitsbegrenzung auf 60 Meilen, den vielspurigen Aus- und Einfahrten in die unübersichtlichen Städte, kein Vergleich mit dem, was Heilbronn und seine Zubringer nach Untergruppenbach und Weinsberg zu bieten hatten.

Schwager Norin ließ Vater ans Steuer seines Straßenkreuzers, und voller Befriedigung berichtete Vater davon, wie er mit den neuen Anforderungen zurechtgekommen war. Ja, Stolz schwang mit, Stolz darüber, die Reise in die USA gewagt zu haben. Strittig blieb, auf welche Weise Vater und Mutter über den Atlantik gelangt waren. Vater beharrte darauf, dass es ein Linienflug, natürlich ein Linienflug, gewesen sei, während Mutter von einem günstigeren Charterflug – Condor – sprach und sicher recht hatte. Doch zu Vaters Selbstbild gehörte es, mit einem Linienflug – Lufthansa! – nach Denver geflogen zu sein. Mutter gab klein bei, wusste, dass selbst die Vorlage der Reisedokumente nicht an Vaters Überzeugung gerüttelt hätte. Vater war ein Linienflug-Mann.

Ausflüge hatte man »drüben« unternommen, zu Vergnügungsparks, zum Grand Canyon, nach Silverstone, mit Mutters Nichte Ellen in die Wälder und zu den Seen Montanas. Ein Barbecue gehörte zur amerikanischen Lebensart, dicke Steaks und Hamburger. Die weichen Brötchen verdienten es in Vaters Augen gar nicht, den Namen Brötchen zu tragen. Mutter machte Fotos, und wenn ich zu Besuch kam, war oft von den amerikanischen Reisen die Rede. Eine Öffnung zur Welt, die dazu diente, das Heimische noch mehr zu schätzen. Mutters Schwester und ihr Mann Norin waren eingetragene Republikaner, unterstützten Nixon und seine Nachfolger. Norin setzte sich später für die Gray Panthers ein und engagierte sich, wie Mutter sagte, für Reformen der Gesundheitsversorgung.

Später, viel später erkrankte Heidi an Alzheimer und verbrachte die letzten Jahre in einem Pflegeheim. Per Skype sah Mutter ihre Schwester in einem Rollator zittern, sie erkannte ihre Tochter und ihre Enkel nicht mehr, machte ein erschrecktes Gesicht in die Kamera. Es nahm Vater mit, Menschen zu sehen, deren Brücken zur Vergangenheit, zu ihrem eigenen Leben abbrachen. Das blieb ihm erspart. Wie wäre es gewesen, auf einen Vater zu treffen, der nicht mehr gewusst hätte, wer ich war, der seinen Sohn »vergessen« hätte? Es nützt nichts, davon zu lesen, wie Alzheimer-Erkrankungen familiäre Bande mit einem Mal abreißen lassen. Man kann es sich nicht vorstellen. Vater spürte bis zuletzt, wer ihm gegenüberstand, mit ihm sprach, er erinnerte sich an vieles, wiederholte vieles. Aber er blieb Vater, mein Vater, kein Fremdgewordener, dem ich fremd wurde.

DIE TASCHENTÜCHER

In diesem Bett, in seinem Bett starb Vater, im Doppel-
bett meiner Eltern. Das Schlafzimmer liegt unmittelbar
an der Wohnungstür, die Schlafplätze wechselten nie:
Mutter auf der linken Seite, an der Tür, sodass sie jede
Bewegung im Treppenhaus mitbekam, Vater auf der
rechten, am Fenster zur Terrasse, das gekippt sein musste. Ohne Frischluftzufuhr hätte er keinen Schlaf gefunden, bildete er sich ein. Lange Jahre schlief er ausge-
zeichnet, schnarchte, bis meine Mutter ihn mit einem
Stoß in die Rippen veranlasste, seine Lage zu verändern.
Mutter schlief im Lauf der Jahre immer schlechter. Früher waren es die heimkehrenden Kinder, die sie hoch-
schrecken ließen, später die ins Schloss fallende Haustür,
das Treppenhauslicht, das sich erst seit Kurzem automatisch ausschaltet. Wann immer ich meine Mutter frage,
ob sie gut geschlafen habe, antwortet sie, dass sie ab drei
Uhr wach gelegen habe, nicht mehr länger schlafen
könne.

Was gibt es noch in diesem Zimmer? Das Bett mit

den Nachttischchen, an dessen Kopfseite Vaters Segelbootgemälde hängt, eine Spiegelkommode, ein Wäschepuff, ein eingebauter Wandschrank. Irgendwann stand hier ein Fahrradtrainer, als die Fitnesswelle aufkam und Vater sich im Schlafzimmer abstrampelte. Oft machte er das nicht, dann verschwand das Gerät, wie etliche Neuanschaffungen, die man für unverzichtbar hielt und von denen man bald nicht mehr wusste, warum sie angeschafft worden waren.

Das Elternschlafzimmer habe ich selten betreten. Es war kein Tabuzimmer, doch es schickte sich nicht, es zu oft zu betreten. Beim Versteckspielen ja, da konnte man sich auf den Läufer an Vaters Bettseite werfen, und an Ostern ließ es sich Vater nicht nehmen, Eier und kleine Geschenke auch im Schlafzimmer zu verstecken. Er hatte Freude daran, sich Orte auszudenken, an denen wir kein Marzipanei, keinen Lindt-Hasen vermuteten.

Heimlich vor Weihnachten, wenn Mutter beim Einkaufen war und meine Unruhe wuchs, wenn ich unbedingt wissen musste, mit welchen Geschenken an Heiligabend zu rechnen war, schlich ich mich ins Schlafzimmer, kletterte auf einen Stuhl, stöberte in den oberen Regalbrettern des Schranks, hoffte, auf die ersehnte Carrera-Bahn zu stoßen, kaschierte den Vertrauensbruch mühsam, versuchte, alles wieder in die vorgefundene Ordnung zu bringen, schämte mich hinterher, entschuldigte mich im Abendgebet bei den Eltern, wissend, dass ich im Begriff war, den Weihnachtszauber zu zerstören.

In einer der Kommodenschubladen, oben rechts, befinden sich Vaters Taschentücher, weiße, blau umrandete Stofftaschentücher, die für ihn so unerlässlich wie sein Kamm waren. Ich setze diese Tradition fort, lasse mir gern etwas von den hygienischen Vorteilen der Papiertaschentücher erzählen und greife zu diesen höchstens in Notfällen. Als ich nur noch zu Besuch kam, gewöhnte ich mir einen Stofftaschentuchaustausch an, den ich bis heute betreibe. Ich betrete das Schafzimmer, werfe mein Taschentuch in den Wäschepuff und nehme mir eines von Vaters Taschentüchern. Mutter hat sie, obwohl sie nie eines von ihnen benutzt, in der Schublade belassen, die Heilbronner und die Hamburger Taschentücher lassen sich inzwischen nicht mehr voneinander trennen. Das ist das, was ich wollte. Bei einigen weiß ich nicht mehr, zu welchen Beständen sie ursprünglich gehörten. Vaters Schnupftücher riechen muffig, nach Mottenpulver, vermutlich weil die Schublade nur noch von mir aufgezogen wird.

Im Alter zog sich Vater, wenn er nicht im Wohnzimmer die Beine hochlegte, zur Mittagsruhe ins Schlafzimmer zurück. Davor traf ich meine Eltern unter der Woche, ja, selbst an Wochenenden nie im Bett an. Dort zu lesen, zu frühstücken oder den Tag zu verbummeln kam für sie nicht infrage; noch heute wundert sich meine Mutter darüber, dass meine Schwester den Sonntag bis zum Mittag im Bett zubringt. Als Kranke in ihren Schlafzimmerbetten liegend, habe ich die Eltern sehr selten erlebt. Mutter hat es zur Meisterschaft darin gebracht, körperliche Beschwerden kleinzureden, sie zu verschweigen, und wenn Vater eine kräftige Erkältung erwischte, brauchte es viel, um ihn von der Arbeit fernzuhalten und ins Bett zu zwingen.

Einmal, Ende der Achtzigerjahre, streckte ihn ein hohes Fieber nieder, wälzte er sich zwischen den Decken und fantasierte. Es war die Zeit, als ich nach dem Studium, was nicht leicht war, eine erste Anstellung suchte und mich für die Leitung der Stadtbücherei in Heilbronn beworben hatte – ein aussichtsloses Unterfangen, da ich die bibliothekswissenschaftlichen Voraussetzungen nicht erfüllte. Eine Gruppe von Kursteilnehmerinnen aus meinem Volkshochschulkurs hatte jedoch dem Oberbürgermeister einen Brief geschrieben und sich für mich eingesetzt. Vater erregte sich in seinem Fieberwahn; dass sein Sohn diese Heilbronner Stelle nicht bekommen sollte, verstand er nicht, witterte eine Verschwörung. Da wälzte er sich schwitzend und fiebernd im Bett, wollte seine Kontakte spielen lassen, sich beschweren. Mich genierte das einerseits, zumal ich um die Chancenlosigkeit der Bewerbung wusste. Andererseits empfand ich Rührung über Vaters Einsatz, der im fiebrigen Wahn unverhohlen ausbrach, ohne gezügelt werden zu können. Wie er später gern die Möglichkeit ergriff, anderen von seinen Kindern zu erzählen, und zuhörte, was aus den Kindern von Arbeitskollegen und Bekannten geworden war.

Als ich ihm vier Wochen vor seinem Tod am Telefon erzählte, dass der Hamburger Senat mir den Ehrentitel »Professor« verliehen habe, schwang in seiner leicht brüchigen Stimme Genugtuung über diese Auszeichnung mit. Der Einfluss, den das Schwäbische mittlerweile auf seine Lebenseinstellung genommen hatte, mochte erklären, warum er seinem Glückwunsch sogleich die Frage hinterherschickte, ob diese Ehrung eine Gehaltsaufstockung nach sich ziehe oder mit anderen finanziellen Vorteilen verbunden sei. Ich verneinte lachend, Vater lachte mit. Es tut gut, im Nachhinein zu wissen, dass er kurz vor seinem Tod seine Schlagfertigkeit, seinen Humor, der sich ganz unverhofft zeigte, nicht verloren hatte. Dass ich es fünfundzwanzig Jahre zuvor nicht zum Büchereidirektor gebracht hatte, spielte keine Rolle mehr. Vielleicht hatte mich sein Mitleiden damals angespornt, zu sehen, wie er sich empört im Schlafzimmer aufbäumte, wie der Fieberschweiß auf seiner Stirn perlte …

DAS WEINREGAL

Zwei Treppenabsätze hinunter in den Keller, der nicht so düster war wie der in der Schillerstraße. Eine Nische mit Platz für Fahrräder, mit denen die Eltern unterwegs waren am Wochenende. Sie fuhren hinaus, Richtung Zabergäu, steuerten Weinfeste und Besenwirtschaften an, wo Vater seine geliebten sauren Kutteln bekam. So radelten sie durchs Unterland, ohne sportlichen Ehrgeiz, doch mit dem Willen, sich in der freien Natur zu betätigen. Braun gebrannt saß Vater auf seinem Rad, ein Vergnügen, das die Fußmärsche nach und nach ersetzte.

Im Keller herrscht Ordnung, sorgte Mutter für Ordnung, im Waschmaschinenraum, wo der Öltank rumorte. *Bitte Türe schliessen*, steht seit eh und je auf einer Zwischentüre als Mahnung an die Hausbewohner, damit das Dröhnen der Schleudergänge nicht bis in unsere Wohnung dringt. Natürlich hielten sich längst nicht alle Parteien an diese Bitte. Die falsche Rechtschreibung habe ich immer hingenommen.

In unserem Keller sammelt sich an, was sich in Kellern so ansammelt: Waschpulver-, Kartoffel- und Äpfelvorräte, die Gefriertruhe, selbst gemachte Marmeladen, Sprudel- und Bierkisten. Früher, wenn es zu Weihnachten besondere Gunsterweise gab, mal eine Trage mit Libella-Limonade, vielleicht sogar mit Spezi. Modische Getränke, die nicht üblich bei uns waren, denn Mutter pflegte selbst Obstsäfte, Rhabarber meist, herzustellen. Wie sehr sie das Gesunde und den Wohlgeschmack ihrer Erzeugnisse pries – wir hofften auf Zitronen- und Orangenlimonade. Vater trank keine Sinalco, keine Cola, perlendes Mineralwasser ja, Teusser-Sprudel aus Löwenstein, dessen Logo einen nackten Mann zeigt. Der beugt sich über eine Quelle und trinkt gierig das hochschießende Mineralwasser.

Vater hielt sich an sein Bier und an seinen Wein. Als Weinkenner hätte er sich nie bezeichnet, er vertraute auf Tropfen, die er kannte, fast immer Württemberger, Heilbronner Stiftsberg, Lehrensteinsfelder Steinacker, Nordheimer Sonntagsberg, Schwaigerner Heuchelberg. Seine Akklimatisierung in Schwaben trug Früchte, und so trank Vater den Wein, sein Viertele, am liebsten aus einem klassischen Henkelesglas, das mit seiner eleganten, bauchigen Form heimelig wirkte. Für noblere Zusammenkünfte besaßen wir andere Gläser, in die allerhöchstens 0,2 Liter passten. Im Zweifelsfall hätte sich Vater für sein Glas mit dem grünen Henkel entschieden. Und ohne einen Porzellanuntersetzer durfte es nicht auf den Marmortisch gestellt werden. Vergaß man das, brauchte man nicht lange auf Vaters Erinnerung zu warten.

Der Weinkeller umfasste nie Schätze. Er besteht aus einem weiß lackierten Stahlrohrgestell, dessen Kapazitäten so gut wie nie ausgeschöpft wurden. Vater hatte sich an die Württemberger Rotweine gewöhnt; dass sie unter Fachleuten keine große Wertschätzung genossen, störte ihn nicht. Französische oder italienische Rotweine hätte er von sich aus nie gekauft. Ein klassischer Trollinger mit Lemberger befriedigte seine Bedürfnisse vollkommen. Das Aufkommen der 0,7-Literflaschen, die er von seinen Kindern zu Geburts- und Feiertagen geschenkt bekam, registrierte er unwillig, witterte Betrug. Eine Literflasche war eine Literflasche – triftige Gründe, einen soliden Württemberger in kleinere Flaschen zu zwängen, gab es nicht. Zumal, wie Mutter hinzufügte, das keine Pfandflaschen waren, also ein beschwerliches Entsorgen im Altglascontainer verlangten. Da lobte er sich einen Ellhofener Wengerter, dem er für einen Anbau günstig Materialien verschafft hatte und der Vater seinen Roten zum Sonderpreis verkaufte, vier Mark die Literflasche. Kein Spitzenprodukt, doch wenn ich vom Wochenendbesuch bei den Eltern nach Tübingen zurückfuhr, nahm ich Vaters Angebot gern wahr. Nimm dir zwei Flaschen vom Wein mit, rief er mir zu, bevor ich in meinen Käfer stieg. Der Sohn sollte schließlich im Studium nicht verdursten oder auf den zweifelhaften Tübinger Wein angewiesen sein.

Vater war ein großzügiger Mann, der seinen Kindern aus jeder finanziellen Notlage ohne langes Überlegen geholfen hätte. Wann immer ich als Student nach Hause kam, steckte er mir seine Firmentankkarte zu, damit ich meinen Käfer versorgen konnte. Er hielt sein Geld zusammen, legte es risikoarm an, lehnte Verschwendung ab und steckte seinen Kindern und später seinen Enkeln regelmäßig einen Geldschein zu. Wie meinem Sohn, der sich für Mineralien interessierte und den Vater kurzerhand mit einem 50-Euro-Schein ausstattete, damit er in einem Steineladen an der Neckarpromenade seine Sammlung erweitern konnte. Ein winziger, kostbarer roter Spinell wurde von Opas Geld gekauft und nimmt einen Ehrenplatz im Steineregal ein.

Einmal im Jahr veränderte sich das Weinsortiment schlagartig, in den Adventswochen, denn Weihnachten begann Ende November. Wenn nachmittags höfliche Männer klingelten und Päckchen für Vater abgaben. Ein »Meine Empfehlung für den Herrn Gemahl« aussprachen und sich artig verbeugten. Mit ihm als Einkaufsleiter wollten sich die anderen gut stellen und bedankten sich, wie auf den Kärtchen stand, für die angenehmen »Geschäftsbeziehungen«. Mit dem Aufmachen warteten wir, wohl oder übel, bis Vater nach Hause kam. Im Lauf der Zeit ahnten wir, hinter welchem Absender sich originelle oder eher einfache Geschenke verbargen. Die meisten schickten Wein, teure 0,7-Liter-Flaschen und alles nur Prädikats-, Kabinettweine oder

Auslesen. Drunter machte es keiner. Einige überreichten Geschenkkörbe mit Leckereien drin, die es bei uns selten gab. Teuren Lachsschinken oder Schwarzwälder Kirschwasser, Mirabellengeist, Cognac – nicht den günstigen Obstler oder den einfachen Weinbrand vom Konsum. Da war für die Weihnachtstage vorgesorgt. Robert Bopp in Talheim, ein Steinbruchbetrieb, das war eine tolle Firma, von der gab es Kugelschreiber oder Blöcke, Sachen, die Vater an uns weiterreichte. Manche brachten Blumen vorbei, um Mutter zu beeindrucken. Oder die Firma Märklin, die sich nicht lumpen ließ und eine ganze Kiste schickte, während andere allerhöchstens eine einzige Flasche schickten. Da nützte der schönste bunte Präsentkarton nichts. Mit solchen Unternehmen, riet ich Vater, sollte er die Geschäftsbeziehungen auf das Nötigste beschränken.

Plötzlich war unser Kellerregal rappelvoll, plötzlich herrschte eine Auswahl, die zu treffen so heikel war, dass die kostspieligen, womöglich aus Südafrika oder Spanien stammenden Tropfen jahrelang nicht angerührt wurden. Aber man hatte etwas im Haus, für besondere Anlässe. Einkaufsleiter, offenbar ein angenehmer, ertragreicher Beruf, dachte ich mir. Vater war ein angesehener Mann. Er hängte die Präsente nie an die große Glocke; schließlich wollte er nicht in den Verdacht geraten, beeinflussbar, bestechlich zu sein. Die freundlichen Männer kamen ja deshalb zu uns nach Hause und gaben klugerweise ihre Geschenke nicht in der Firma ab.

Mutter setzt Vaters Tradition fort, bestellt alle Monate zwei Kisten Wein in der Genossenschaftskellerei, die frei Haus liefert und die leeren Flaschen, Literflaschen, klaglos entsorgt. 0,7-Liter-Flaschen gibt es, wenn ihre Kinder sie besuchen.

NOCH EIN BLICK

Ich schließe die Kellertüre, gehe wieder hoch in die Wohnung, den Weg, den ich als Kind Hunderte Male zurück-
gelegt habe. Alle Zimmer sind abgeschritten, in jedem
Gegenstände, die von meinem Vater sprechen. Davon,
dass er hier zu Hause war, dass das sein Leben, dass diese
Wohnung bis zum Ende sein Leben war. Ein einge-
schränkter, ein geschützter Bezirk, bewacht von meiner
Mutter, die sich in Vaters letztem Jahrzehnt zurück-
nahm. Sie wurde Teil dieses Bezirks, sie hielt Vaters Un-
mut aus, wie sie seine Dankbarkeit erfuhr, für die er nie
große Worte fand. Warum auch hätte er ein anderer
Mann werden, warum plötzlich sein Innenleben nach au-
ßen kehren sollen? Meine Mutter hat ihr Leben mit ihm
geteilt. Sie trägt einen Ring mit dem eingravierten Ver-
lobungsdatum: 24.12.1951. Sie muss sich nicht anstrengen, um Erinnerungen an ihren Mann heraufzubeschwö-
ren. Sie sind da. Er bleibt nach seinem Tod gegenwärtig,
gerade in der Leere, die er hinterlassen hat, die Leere, die
sein Sessel, sein Stuhl ausstrahlen.

Menschen laden die Dinge auf, mit denen sie umgehen, an denen sie hängen. Wir brauchen sie, um Halt zu haben. Es mag befreiend sein, sich von Dingen zu trennen, weil sie die Zukunft versperren. Ich bin froh, dass es die Dinge meines Vaters noch eine Weile geben wird, und selbst wenn es sie eines Tages nicht mehr gibt, wenn sie auf dem Flohmarkt oder im Müll landen, weil sie niemandem mehr etwas sagen, verschwinden sie nicht ganz. Es reicht, die Augen zu schließen, um sie wiederzusehen, um Vaters fleckige Hand zu sehen, wie er nach seinem Weinglas tastet, um Vaters von dunklen Härchen besetzte Männerarme zu sehen, wie er mir einen Ball zuwirft oder triumphierend meine »Mensch-ärgere-Dich-nicht«-Figur schlägt. Es waren Hände und Arme, die mich beschützten. Einen anderen Vater habe ich mir nie gewünscht.

Das Nachdenken über Vaters Dinge verführt mich dazu, über meine eigenen Dinge nachzudenken. Ich widerstehe der Versuchung, durch meine Wohnung zu gehen und jeden ihrer Winkel zu befragen. Ich wäre voller Erzählungen, die mit meiner Wohnung und mir zu tun haben. Reminiszenzen oft, die keine Menschenseele interessieren, außer mich. Der runde Messingtisch meiner Großmutter, der Stiftekörper auf dem Schreibtisch, den mir eine Kommilitonin aus Rottweil schenkte. Der Weinstöpsel, den ich in einem New Yorker Museum gekauft habe. Das Pappschild »Philologische Abteilung« an meinem Arbeitszimmer, das man mir schenkte, als ich den Verlag verließ, für den ich in Berlin knapp vier Jahre gearbeitet hatte. Kurz nach dem Krieg wurde das Schild gefertigt; inzwischen löst sich die Glanzfolie, die den Abteilungsnamen kaschiert. Die Visitenkarte eines schlichten Hotels im fünften Pariser Arrondissement, die seit Jahr und Tag an meiner Devotionalienpinnwand hängt. Kurz vor dem Abitur nächtigte ich dort, nachdem ich eine Schülergruppe im Zug nach Paris begleitet hatte, im offiziellen Auftrag des Oberschulamts Baden-Württemberg.

Nein, ich denke nicht darüber nach, was aus ihnen werden wird, dem Stifteköcher, dem Weinstöpsel, dem Pappschild, dem Hotelkärtchen. Wie lange werden sie weiterleben nach meinem Tod? Vor der Anonymität werde ich sie nicht retten können, wie ich die Dinge meines Vaters davor nicht bewahren kann. Doch es tröstet, es tut gut, sie aufzuladen mit Gefühlen und Erinnerungen. Das ist kein ewiges Leben, aber dennoch … Über ein solches hat Vater nie gesprochen, über ein solches spreche ich nie. Danach kommt nichts – oder etwas, was wir uns nicht vorstellen können. Das ist kein Grund, ständig zu klagen, es gehört dazu. Darüber nie zu klagen wäre merkwürdig. Den Spuren meines toten Vaters zu folgen ist keine Rechtfertigung seines Lebens, es sind Aufnahmen, Momentaufnahmen, die über mich so viel sagen wie über meinen Vater. Es gibt unendlich viele Bilder meines Vaters, meine Geschwister würden andere Bilder von ihm malen, und ich weiß nicht, welches Bild er von sich selbst gemalt hat, ob er je eines hätte malen wollen.

Wie ähnlich bin ich meinem Vater? Ein echter Moritz-Kopf, das fanden die Verwandten früher, wenn sie uns Kinder sahen. Wie weit ist der Apfel vom Stamm gefallen? Seinen Dingen nachzuspüren bringt mich näher zu ihm, sagt mir, was ich von ihm übernommen habe, ohne es zu wollen. Ich denke an meine Tochter und an meinen Sohn. Was teilen sie mit mir?

Noch einmal gehe ich zum Friedhof, allein. Ich stelle das Auto auf dem Parkplatz der Gärtnerei ab, denke daran, wie unsere kleine Trauergemeinschaft den Sargträgern folgte, wie Vaters Leichnam hinabgesenkt wurde, wie wir Erde auf den Sarg warfen. Das Nachbargrab ist kein Provisorium mehr. Der Name des Toten deutet auf seine italienische Herkunft hin, und seine Nachfahren haben den Grabplatz ihres »Michele« so ausgeschmückt, wie ihre Gebräuche es vorsehen. Goldene Engel und bunter Zierrat breiten sich auf dem Rechteck aus. Meinem Vater hätte das nicht gefallen. So möchte ich nicht begraben werden, hätte er gesagt.

Vaters Grabstein, dieser Findling, der so gut zu ihm passt, zeigt erste Spuren von Moos. *Ich wollte mal wieder nach dem Grab schauen* – Mutter erzählt mir davon am Telefon, und sie verwendet nie eine andere Formulierung. Hoffentlich schaut sie noch lange nach dem Grab. Ich rücke eine winterfeste Pflanze zurecht, entferne welkes Laub, den Kopf angefüllt mit Dingen, mit seinen Dingen.

© Verlag Antje Kunstmann GmbH, München 2018
Umschlaggestaltung: Heidi Sorg und Christof Leistl
Satz + Typografie: frese-werkstatt.de
Druck und Bindung: Pustet, Regensburg
ISBN 978-3-95614-257-4